Wilhelm Hünermann

Der Mandarin des Himmels

Wilhelm Hünermann

Der Mandarin des Himmels

Das Leben des Kölner Astronomen
P. Johann Adam Schall
am Kaiserhof in Peking

Verlag Petra Kehl
Künzell 2022

Mit freundlicher Genehmigung der Urheberrechtsinhaber

Rhönstraße 3, 36093 Künzell
Umschlaggestaltung: Ulrike Christ

E-Mail: info@verlag-kehl.de

ISBN 978-3-947890-11-8

Inhalt

Unter den Sternen

Vom Turm der Apostelkirche zu Köln läutet die Totenglocke. Schwarzes Gevögel stiebt aus den Schalllöchern, flattert erschreckt in die Finsternis.

Schwer geht der Atem der Nacht. Über den Neumarkt holpern die Karren mit der Fracht des Todes. Dumpf hallt das Miserere der minderen Brüder. Fackellicht gibt der Todesfahrt eine gespenstische Beleuchtung.

Der Freude Schein erlosch über der fröhlichen Stadt am Rhein, und wo noch ein Lämpchen wacht in einsamer Kammer, starrt ein entstelltes Antlitz mit hohlen Augen in seinen matten Glanz.

Die Pest in Köln! Ohne Heil ist die Stadt. Endlos reihen sich die Namen der Opfer in den Registern des Jahres 1607 zu grausigem Totentanz, und immer noch schlägt die Seuche das blühende Leben.

„*Miserere mei, Deus, secundum magnam misericordiam tuam!*“, singen die braunen Mönche. „Erbarme dich meiner, o Gott, in deinem großen Erbarmen!“

„Erbarme dich!“, wimmert die Totenglocke!

„Erbarme dich meiner!“, ruft die unheilvolle Stadt mit vieltausendfachem Mund. Aber fern scheint das große Erbarmen. Die hundert Glocken Kölns rufen kein Echo vom frostklaren Himmel der Dezembernacht. Irgendwo schreit ein Vogel, den das Geläut aus dem Nest vertrieb. Schaurig kreischt sein Ruf in den Totenpsalm „*Miserere mei, Deus*!" Das Flehen weckt nicht die schweigenden Sterne.

Aus einer Seitengasse torkelt eine trunkene Schar. Ihr Lachen mischt sich in das Singen der Mönche. Aber es klingt nicht leicht und fröhlich wie einst. Angst schreit aus dem Gelächter. Angst vor dem schleichenden, unsichtbaren Würger. Einer bricht aus dem lärmenden Haufen, taumelt in den Rinnstein, bleibt liegen mit fahlem Gesicht. Niemand achtet auf ihn. Einer mehr, den der Sensenmann gemäht hat. Was soll's schon? Sterben viele in dieser Nacht! Fern schon hallt das Gelächter.

Wer lacht? Die Betrunkenen? Der Tod lacht sein grausiges Gelächter, lacht zum *Miserere* der Betenden!

In einem alten Patrizierhaus am Neumarkt richtete sich Heinrich Schall von Bell mühselig vom Lager auf. Auch ihn, den starken Spross eines wehrhaften, alten Geschlechts schlug der Schwarze Tod. Vergebens bäumt sich der Kranke unter dem würgenden Griff. Frau Maria wischt dem Gatten den Schweiß von der fiebernden Stirn. Verstört stehen die drei Junker Reinhard, Johann Adam und Degenhard, flachsblonde Jungen zwischen siebzehn und zwölf, voll Leben und Blut.

Des Vaters Wink heißt sie nähertreten. Mit schwacher Gebärde deutet er auf das flackernde Licht, weist auf das Wappen, das die Wand schmückt.

Johann Adam, der Fünfzehnjährige, versteht des Sterbenden Wunsch; er hebt die Lampe zum Ritterzeichen empor. Die kleine Flamme züngelt um die Zier des ruhmreichen Geschlechts, lässt die roten und silbernen Sparren leuchten vorm blauen Grund, reckt sich zum krönenden Adlerflug.

„Das Wappen!", lallt des Sterbenden Mund. „Haltet es in Ehren allezeit!"

„Ja, Vater!", nicken die Knaben.

Noch läutet die Glocke von Sankt Aposteln, als der Kranke den letzten Seufzer tut. Die Mutter schließt die erloschenen Augen.

Johann Adam schnürt das Grauen die Kehle zu. Er öffnet das Fenster, starrt in die Nacht.

„Ein ratternder Karren, ein *Miserere*, ein paar schwelende Fackeln *et nihil*!", murmelt der Schüler des Kölner Dreikönigsgymnasium vor sich hin.

„Schließ das Fenster!", gebietet die Mutter. Der Sohn tut nach ihrem Willen.

„Der Himmel ist voller Sterne!", sagt er wie für sich selbst. „Die Erde ist dunkel und ohne Licht."

In jenen Nächten entschließt sich der Fünfzehnjährige, von nun an nicht der Erde zu dienen, die Leben gebiert, um es ins Grab zu stoßen, Lichter anzündet, um sie lachend zu verlöschen, sondern dem Himmel, dessen Glanz kein Ende hat.

„Ich will Priester werden!", gesteht er der Mutter in einer der schmerzdunklen Stunden, die dem Begräbnis folgen.

„Tue, wie Gott dich es weist!", antwortet die Edelfrau und schließt den Knaben in ihre Arme.

Der Winter vergeht. Der Schnee zerrinnt in schmutzigen Lachen. Als die ersten Knospen springen, erlischt die Pest. Das Leben tut neue starke Atemzüge in der Stadt am Strom.

Johann Adam Schall von Bell aber sattelt sein Pferd, reitet den Rhein hinauf der Sonne zu. An einem der ersten Junitage sprengt er durch die Porta del Popolo in die Ewige Stadt, klopft an die Pforte des deutschen Kollegs. Erstaunt mustert Pater Rinaldi, der Rektor, das schmale Bürschlein, liest kopfschüttelnd Empfehlungsbriefe und Zeugnisse der Kölner Jesuiten.

„*Tantillus puer*!“, seufzt er. „So ein kleiner Junge!“

„Ich wachse noch!“, versichert Adam mit jenem echt kölnischen Schalk, der den Kindern der Rheinstadt stets wiederkehrt trotz Tod und Pest. „Ich glaubte, man würde sich in Rom mehr für den Geist interessieren als für die Länge der Glieder.“

„Wie alt bist du eigentlich?“

„Am ersten Mai hatte ich genau sechzehn Jahre. Bin genau doppelt so alt wie mein Pferd!“

„Hm, ja, das Pferd! Das kann nicht ins Kolleg!“

„Ich verkaufe es. Fürs Erste wird dann das Zehrgeld reichen. Ich esse nicht viel.“

„Für deine Jahre taugt das Fasten nicht. Wenn nur die Statuten nicht wären! Die Mitbrüder in Köln sollten eigentlich wissen, dass wir niemanden aufnehmen dürfen vor dem vollendeten siebzehnten Jahr.“

„Ein Jahr vergeht schnell.“

Nach einigem Zögern stimmt der Rektor zu. Adam tauscht sein weltliches Wams mit dem roten Talar, deswegen man die Germaniker* die „Krebse von Rom“ zu nennen pflegt.

Drei Jahre währen die philosophischen Studien. Bei der Schlussprüfung weiß das hellschöpfige Bürschlein so wacker zu distinguieren und zu disputieren, dass es glänzend besteht. Die Gesellschaft Jesu schätzt sich glücklich, als der so Begabte um Aufnahme bittet.

Es folgen zwei Jahre ernsten Ringens und Reifens im Noviziatshaus Sankt Andrea gegenüber dem Quirinalpalast. Neben

* Schüler des Deutschen Kollegs in Rom, das von Jesuiten geleitet wurde

der geistigen und seelischen Fortbildung übt sich der junge Sohn des heiligen Ignatius in den Werken der Nächstenliebe. Gleich seinen Gefährten schart er die schwarzschöpfigen *ragazzi* auf Straßen und Plätzen um sich, setzt sich auf eine Treppenstufe und unterrichtet die Bürschlein im Katechismus.

Das ist eine schwere Arbeit; denn römische Buben mögen das Lernen nicht lieber als die rheinischen, und mit jedem Spatz, der aus der Gasse auffliegt, flattert die Aufmerksamkeit davon.

Mit dem Italienischen geht es schon ganz gut, und wenn es doch einmal hapert, ersetzt ein fröhliches Lachen das fehlende Wort. Ein lustiger Lehrer ist der Kölner. Seine Art ist heiter und gut wie das Licht der Frühlingssonne, die die schwarzen Bubenschöpfe streichelt.

In die Gefängnisse geht der Novize, tröstet und labt die ihrer Freiheit Beraubten, gibt den Verlassenen Hoffnung und Mut mit frommer Lehre, mischt auch ein rheinisches Späßchen hinein, das drollig genug klingt in der Sprache des Südens.

Zum Bettler macht ihn die Liebe. An den Türen bittet er um Brot, das er mit den Armen teilt. Die Kranken pflegt er in den Spitälern.

In freien Stunden pilgert er ins Römische Kolleg der Gesellschaft Jesu und klopft bei der Zelle des großen Mathematikers Pater Christoph Clavius* an.

Der Gelehrte ist nicht gern gestört, aber sein grimmiger Blick erhellt sich, wenn er den Kölner erkennt.

* *25.03.1538 in Bamberg † 06.02.1612 in Rom; Mathematiker, leitete die Kalenderreform unter Papst Gregor XIII. Begründer der wissenschaftlichen Arbeit an der Vatikanischen Sternwarte.

„Störe ich Euch?", fragt Adam zögernd.

„Nein, du störst nie!", antwortet Clavius in seiner bayrischen Mundart. „Komm, setz' dich zu mir. Und hilf mir die Geheimnisse des Himmels enträtseln!"

Ehrfürchtig blickt der Novize auf die Papiere, die den ganzen Tisch bedecken. Endlose Zahlen füllen die Blätter mit einem Gewirr von Kreisen, Ellipsen und Geraden.

„Hab' den ganzen Tag gerechnet", seufzt der Pater, „und dabei die Leber vergessen, die mich alten Mann wieder einmal erbärmlich zwackt. Bald werde ich mir die Sterne von oben ansehen. Da wird wohl alles klar, was jetzt noch rätselhaft ist."

„Was habt Ihr gerechnet, Pater Christoph?", forscht der Kölner wissbegierig.

„Die Bahn des Mars, das alte Kreuz aller Astronomen. Aber da hat nun ein Schwabe namens Johannes Kepler Licht in die Sache gebracht. Hier ist sein Buch über die Marsbewegung. *Astronomia nova* heißt es. Hab immer gewusst, dass die Schwaben mehr verstehen als Breiessen. Aber der Kepler aus Weil der Stadt, Herrschaft, ist das ein Kopf! Ich hab' ihn auf Herz und Nieren geprüft, aber er hat recht! Die Planeten umschweben die Sonne nicht in Kreisen, sondern in Ellipsen. Es stimmt! Ich finde keinen Fehler."

„Und was sagt dieser Herr Kepler zu Kopernikus, Pater?", fragt Adam fiebernd. „Stimmt er der Lehre zu, dass sich die Erde um die Sonne dreht?"

„Ja, auch nach ihm tanzen wir mit im Sternenreigen!", seufzt der Greis.

„Und Ihr, was haltet Ihr davon?"

„Ich hab' mich mein Leben lang auf den alten Ptolemäus verlassen und auf das, was die Bibel zu lehren scheint, obschon der gelehrte Nikolaus Cusanus schon vor zweihundert Jahren in seiner *Docta Ignorantia* die Erde einen Stern unter Sternen genannt hat, die ihren Reigen um die Sonne drehen. Heute sind sich die Weisen nicht einig. Tycho Brahe, der alte Däne, schwört noch auf den Ptolemäus. Was ich glauben soll, weiß ich nicht. Mein alter Kopf wehrt sich gegen die Luftreise. Mich schwindelt, wenn ich daran denke. Aber, wie gesagt, ich muss mir bald mal die Sache von oben ansehen. Da wird's sich ja ausweisen. Aber nun komm mit, ich will dir was zeigen!"

Auf den Arm des Jüngeren gestützt, steigt der greise Gelehrte in das Turmzimmer, das er als Observatorium eingerichtet hat. Längst sind Adam die Instrumente, mit denen der Meister Stellung und Lauf der Gestirne feststellt, vertraut. Er kennt die Quadranten und Sextanten, Parallacticum und Astrolabium und weiß mit ihnen umzugehen. Nun aber führt ihn der Greis zu einem neuen Gerät, von dem er mit zitternden Händen ein verhüllendes Tuch nimmt. Erstaunt schaut Schall auf das bleierne Rohr, das auf einem Messingstativ befestigt ist.

„Was soll das?", fragt er verblüfft.

„Du wirst es schon sehen!", schmunzelt der Alte. Dann macht er sich an einigen Schrauben zu schaffen, richtet das Rohr auf die Mondsichel, die eben über den Dächern und Kuppeln der Ewigen Stadt aufgegangen ist. „Schau einmal hindurch!"

Zögernd nimmt Adam auf dem Schemel hinter dem neuen Gerät Platz und nähert sein Auge dem Ende des Rohrs. Und er sieht groß und schier zum Greifen die silberne Sichel, erkennt Berge und Klüfte, Krater und Risse.

„Das ist Zauberei!", springt er auf.

„Nein, mein Sohn, das ist ein Fernrohr. Galilei, der Professor von Padua, hat mich sein Geheimnis gelehrt, und ich habe mir die Linsen von einem Brillenmacher schleifen lassen. Darin sammeln sich die Lichtstrahlen und rücken das Entfernte um das Zwölffache näher."

An jenem Winterabend bleibt Adam viele Stunden im Observatorium. Clavius zeigt ihm den Jupiter mit seinen Monden, einen Flecken der Milchstraße, der sich in hundert Sterne aufteilt, den Nebel im Orion und viele andere Himmelswunder.

Mitternacht ist vorüber, und der Novize erschrickt nicht schlecht, als er auf die Uhr schaut. Das Tor von Sankt Andrea war längst verschlossen. So bleibt ihm nichts anderes übrig, als auf einem Teppich im Römischen Kolleg zu nächtigen, und erst in den frühen Morgenstunden stiehlt er sich ins Noviziat zurück.

Die Sterne lassen ihn nicht mehr los. Er entleiht sich den *Almagest* des Ptolemäus, das Buch *Von den Bewegungen der Himmelskörper* des Kopernikus, *Über den neuen Stern* von Tycho Brahe, den *Sidereus Nuncius* des Galilei, Keplers *Neue Astronomie* und vieles andere. Bis in die tiefe Nacht studiert er die schwierigen Werke und gibt nicht nach, obschon ihm zuweilen ordentlich der Schädel raucht. Was er nicht versteht, erklärt ihm Pater Clavius bereitwillig.

Eines Tages trifft er im Römischen Kolleg einen Mann mit langem, majestätischem Bart und seltsam forschenden Augen.

„Das ist Galileo Galilei!", sagte Clavius feierlich.

„Galilei!", stammelt Adam nach. „Oh, da will ich nicht stören."

„Nein, bleib, *carissime*!", lächelt der Pater, stellt dann dem

Professor aus Padua seinen Schüler vor. „Auch er greift nach den Sternen. Euren *Sidereus Nuncius* hat er mit Eifer und Nutzen studiert."

„Die Deutschen sind tüchtige Kerle!", dröhnt Galileis gewaltiger Bass. „Was wäre die Astronomie ohne ihr *ingenium* und ihre Gründlichkeit?" Freundlich reicht er dem Novizen die Hand. „Ja, ja, mein Freund, wir sind dabei, einen neuen Himmel und eine neue Erde zu entdecken. Manche erschreckt der Gedanke, auf einem Planeten zu wohnen, der sich mit seinen Geschwistern um die Sonne schwingt. Fromme Seelen beschuldigen mich der Ketzerei und wollen mir einen Prozess bei der Inquisition an den Hals hängen. Aber die Wahrheit kann niemals mit Gottes Wort in Widerspruch stehen."

Adam blickt zum Meister Clavius hin. Der zuckt müde die Achsel. Er selbst hat ein Buch wider Kopernikus verfasst. Aber wer weiß, vielleicht hat der große Himmelsrebell aus Frauenburg doch recht, und wir verstehen Gottes Wort nur nicht in der rechten Weise.

Es gibt Zeiten, wo der Novize sich ernste Vorwürfe macht, dass er über den Sternen die Erde vergisst. Gott hat den Menschen nicht das Gebot gegeben, die Sterne zu beherrschen, sondern die Erde, und der Meister befahl, das Evangelium bis an ihre Grenzen vorzutragen.

„Du hast recht!", nickt Christoph Clavius, wenn Adam Schall ihm seine Bedenken anvertraut. „Aber es ist unsere Aufgabe, den armen Erdenmenschen den Weg zu den Sternen zu zeigen und sie zu lehren, das zu suchen, was droben ist. Niemand aber erkennt Gottes Größe und Herrlichkeit mehr als der Astronom, der sich mit den Wundern des Himmels befasst."

Oft steht Adam Schall sinnend vor der riesigen Weltkarte des Nürnbergers Behaim, die fast eine ganze Wand des Observatoriums einnimmt. Mit dem Finger fährt er dem Weg nach, den der Eroberer Gottes Franz Xaver gezogen ist, nach Indien, Japan bis zu jener einsamen Insel vor dem chinesischen Festland, von wo der Tod den großen Liebenden heimholte in das Reich der Sterne.

Was ihm versagt blieb, haben seine Mitbrüder erreicht. Todesmutige Priester der Gesellschaft Jesu sind ins Reich der Mitte vorgedrungen. Dem alten Clavius leuchten die Augen, wenn er von einem seiner begabtesten Schüler, dem Pater Matteo Ricci, erzählt, der soeben in Peking gestorben ist.

„Seine Kenntnisse der Mathematik und Astronomie haben ihm die Tore des Kaiserpalastes geöffnet. Mit ihnen beschämte er die chinesischen Gelehrten und öffnete das Ohr des Herrschers. Vielleicht bist du berufen, dereinst sein Werk fortzusetzen."

Die Worte gehen Adam nicht mehr aus dem Sinn. Bei Tag und Nacht denkt er darüber nach, und wenn er die Sternkunde bisher nur aus Wissbegier betrieben hat, kommt jetzt ein neuer mächtiger Beweggrund hinzu, der Gedanke an das Apostolat. In einem Studienfreund findet er einen gleichgesinnten Mitbruder. Um zwölf Jahre älter ist der Schweizer Johann Schreck, dessen Name in den lateinisch klingenden Terrenz umgewandelt wurde. Schon vor seinem Eintritt in den Orden hat er sich einen Ruf als Arzt und Naturforscher erworben. Mit Galilei ist er befreundet, und Kepler schätzt ihn als Gelehrten. Er unterweist den Kölner Mitbruder nach dem baldigen Tod des alten Clavius in den Geheimnissen der Mathematik und der Astronomie.

Zu Ausgang des Jahres 1614 kommt ein Mann ins Römische Kolleg, bei dessen Anblick Adam Schall schier der Herzschlag stockt. Es ist einer jener todesmutigen Gottesboten, die sich den Weg ins Reich der Mitte erkämpften. Pater Nikolaus Trigault, ein Flame in der Vollkraft der Jahre, gebildet, feurig, klug und gewandt, zudem ein wahres Sprachgenie, fesselt den Kölner ungemein. Er berichtet von den Erfolgen der chinesischen Mission, aber auch von den schweren Kämpfen, die sie gerade in den letzten Jahren zu bestehen hat. Manch teurer Mitbruder hat seine Treue mit dem Leben bezahlt.

Nun ist er nach Rom gekommen, um sich nach neuen Helfern umzuschauen, mit denen er die gefahrvolle Reise in den fernen Osten machen will. Nicht nur in Rom, sondern in ganz Europa will er Begeisterung für das unermessliche Neuland der Glaubensverkündigung wecken.

Gern würde er den Kölner Mitbruder auf seine Werbefahrt mitnehmen, aber die Oberen raten davon ab. Adam Schall soll zuerst seine Studien vollenden und die Priesterweihe empfangen.

Als aber das Jahr 1617 zu Ende geht, entsendet der Ordensgeneral den Neugeweihten nach Lissabon, wo er mit einigen Mitbrüdern, unter denen sich zu Schalls großer Freude auch Pater Terrenz befindet, auf Trigault warten soll, um mit ihm die Seereise nach Indien und China anzutreten. Der Kölner Jesuit steht vor der Erfüllung seiner sehnlichsten Wünsche.

Das Tor der Welt springt auf.

Das Gespensterschiff

Golden wölbt sich der Himmel über Land und Meer, als am zweiten Ostertag des Jahres 1618 eine stattliche Flotte aus dem Tajo segelt. Von den Masten wehen die heiligen Fahnen, und im guten Wind flattern hundert bunte Wimpel. Wahrlich, ein stolzes Bild!

Da ist „Sao Carlo", das herrliche Flaggschiff unter dem Kommando des Großkapitäns Christoph de Noronha, „Sao Mauro", der „Gute Jesus", auf dem die Chinamissionare reisen, nebst zwei kleineren Karavellen. Mit ihnen laufen noch zwölf andere Schiffe mit Kurs auf Brasilien aus.

Mit Pater Schall und Johann Terrenz sind noch zwei weitere deutsche Missionare an Bord, Wenzel Pantaleon Kirwitzer und Johann Alberich. Dazu kommen noch zehn Portugiesen, drei Italiener und fünf Belgier, unter ihnen Pater Nikolaus Trigault mit seinem Bruder Philipp und seinem Vetter Quintin Cousin.

Der „Gute Jesus" ist ein prächtiges Schiff mit vier Stock hohem Aufbau, aber neben der großen Fracht beherbergt es 636 Passagiere und Matrosen, so dass es bis in den letzten Winkel besetzt ist. Da sind Kaufleute, Abenteurer, Glücksritter, Menschen, die ihre letzte Habe verkauften, um in der Fremde das Heil zu suchen, Männer, Frauen, Kinder aus aller Herren Ländern. Wie die Heringe hat man sie unter Deck zusammengepresst. Das schreit und gröhlt, lacht, flucht und schimpft durcheinander in allen Sprachen und Zungen. Der eine ist dem anderen im Weg. Jeder kämpft verbissen um ein wenig Raum.

„Eine merkwürdige Arche ist unser ‚Guter Jesus'!", sagt Adam Schall zu den Mitbrüdern, mit denen er in der Kapitänskajüte wohnt. „Unter den Planken ist die wahre Hölle."

„Oh, das wird noch schlimmer!", seufzt Nikolaus Trigault. „Warte mal ab, bis sie alle seekrank sind. Dann kannst du was erleben."

„Seekrank?", stammelt der schmächtige Alberich erbleichend. „Du meinst ...?"

„Natürlich! Ihr werdet dem Meergott wohl auch das schuldige Opfer nicht versagen."

„O Jammer!", stöhnt Kirwitzer.

„Die Hauptsache ist, dass uns die holländischen und englischen Piraten nicht in den Kurs kommen!", meint Schall.

„Da ist keine Gefahr! Einer Armada wie der unseren gehen sie aus dem Weg. Zudem sind wir nicht schlecht bestückt. Habt ihr die Bordkanonen gesehen? Unsere Fünfundzwanzigpfünder würden dem Gesindel schon heimleuchten."

„So eine Wucht verträgt der beste Magen nicht!", lacht der Kölner. Im Übrigen nutzen die Missionare die Zeit mit allerlei Studien. Trigault lehrt sie die Anfangsgründe der chinesischen Sprache.

„*Po* heißt Ferkel", doziert er.

„Das ist nicht schwer zu behalten!", lacht der Rheinländer.

„Ja, aber außerdem heißt es noch sieden, weise, gebeugt und Sklave, je nachdem, wie man es mit hoher oder tiefer Stimme, mit fallendem oder steigendem Ton ausspricht. Man muss also schon aufpassen, sonst kann es passieren, dass man einem Chinesen sagen will: Du bist weise, und statt dessen bringt man heraus: Du bist ein Ferkel. Man muss schon ein bisschen musikalisches Gefühl bei der Sache haben."

„Ich bin unmusikalisch wie eine Kuh", seufzt Trigaults Vetter Quintin Cousin.

„Du wirst es schon schaffen!", tröstet Pater Nikolaus.

Am besten schafft es Adam Schall, der ein feines Gehör hat und ausgezeichnet musiziert. Aber auch er verzweifelt schier, wenn er die Tonleiter der chinesischen Wörter deklamiert. Selbst die verschiedenen Höhenstufen haben oft mehrere Bedeutungen. Das Wort *„tong"* heißt nicht nur Winter, sondern außerdem auch verstehen, sich bewegen, Höhle, Gasse, durchdringen, rot, Knabe, unwissend, Röhre, Kübel, Kupfer. Das Italienische und Portugiesische hat der Kölner spielend erlernt, aber Chinesisch, dass Gott erbarm', ist das eine Sprache!

Gleichzeitig erlernen die Patres die wichtigsten chinesischen Schriftzeichen, erfahren, dass die Söhne des himmlischen Reiches keine Buchstaben, sondern eine Bilderschrift haben, Zeichen, die sie mit feinem Pinsel auf Papier oder Seide von oben nach unten malen.

„Wie viele solcher Zeichen gibt es denn?", fragt der Italiener Rho beklommen.

„Vierundzwanzigtausend!", antwortet der Flame ungerührt.

„Und die sollen wir alle lernen?"

„Ein paar Tausend genügen fürs Erste!"

„Der Schulmeister daheim hatte Mühe genug, mir vierundzwanzig Buchstaben beizubringen!", seufzt Kirwitzer.

„Oh, das wird sich schon machen. Wir haben Zeit genug. Noch sind wir nicht in China."

Zwischendurch hält Terrenz mathematische und astronomische Vorlesungen. Eins freilich lähmt bald den wissenschaftlichen Eifer.

Der ganze schwimmende Konvent wird seekrank. Mit bleichen oder grünen Gesichtern liegen die Missionare in ihren Hängematten, und oft genug kommen sie nicht schnell genug an die Reling, um Neptun ihren Tribut zu zahlen. Auch der wackere Kölner bringt ihm ausgiebig seine Opfer. Nur der seefahrtgewohnte Trigault ist gegen das Übel gefeit.

Unter den Planken herrscht erst recht das Grauen. Die meisten Passagiere sind zu schwach, an Deck zu gehen. Die Luft in den Massenquartieren ist kaum mehr zu atmen. Wenn Pater Schall an den Luken vorübergeht, ist es ihm, als wanderte er am Rand der Hölle vorbei, so martert das Stöhnen und Wimmern der Unglücklichen seine Ohren.

„Das ist gar nicht so schlimm mit der Seekrankheit", versichert der portugiesische Koch und zeigt grinsend seine Zähne. „So schonen wir wenigstens Zwieback und Salzfleisch. Es ist ohnehin für all die Mäuler nicht genug an Bord."

„Auch ein Trost!"

Doch ist das alles erst der Anfang der Bedrängnis. Bei den Kapverdischen Inseln gerät man in fürchterlichen Sturm. Himmel und Meer wandeln sich in ein tobendes, heulendes, flammendes Inferno. Zwei Matrosen gehen beim Segelreffen über Bord und verschwinden in der rasenden, blitzdurchzuckten Finsternis. Das Geschrei der geängstigten Frauen und Kinder übertönt schier noch den brüllenden Orkan.

Die Bohlen und Planken krachen, ächzen, stöhnen, als wollten sie zerbrechen.

Die ganze Nacht währt das höllische Wetter. Erst bei Sonnenaufgang verrollt der Sturm. Die See zeigt wieder ein glattes

Unschuldsgesicht und hat doch wenige Stunden zuvor noch gerast, als peitschten sie tausend Teufel.

Adam Schall erschrickt, als er den Zustand des Schiffes sieht. Der Fockmast ist zerbrochen und mit Stengen und Spieren über Bord gegangen. In einem der Laderäume gibt es ein großes Leck, und die übermüdete Mannschaft arbeitet aus Leibeskräften an den Pumpen.

„Wir sind noch mit einem blauen Auge davongekommen“, versichert der Kapitän Don Suarez Enriquez. „Es ist genug Holz und Seilwerk da, die Schäden zu heilen, und der Zimmermann wird mit dem Loch im Schiffsbauch schon fertig. Leider haben wir zwei Leute verloren.“

„Kann man nicht nach ihnen suchen?“, fragt einer der Flamen.

„So kann nur eine Landratte fragen“, antwortet der Schiffsherr wenig respektvoll.

Soweit die Patres die Seekrankheit überstanden haben, lösen sie mit anderen Passagieren die Männer bei den Pumpen ab, und schließlich gelingt es dem Zimmermann, das Leck zu stopfen. Der Sturm hat die ganze Flotte auseinander gejagt. Voraus sieht man nur noch die Mastspitze einer der Karavellen. Von den übrigen Schiffen sieht man nichts.

„Wir müssen die Fahrt allein fortsetzen“, zuckt der Kapitän die Achsel. „Wenn wir nur nicht jetzt gerade in eine Flaute geraten! Das Wetter will mir nicht gefallen.“

Wirklich kommt das Schiff nahe der Guineaküste in eine tödliche Windstille. Die Segel hängen schlaff und reglos, und nicht der leiseste Hauch gibt ihnen Lehen.

„Pest und Tod!“, flucht der Kapitän. „Der schlimmste Orkan ist mir lieber als diese faule Stille.“

„Wir sind in der Zone des Todes!“, sagt Pater Trigault ernst. „Überall lauert Verderben. Der Wind trägt es vom afrikanischen Festland her. Das schlimmste ist der Regen! Gott verschone uns vor Regen in dieser höllischen Breite!“

Peter Schall kann es nicht fassen, dass gerade der Regen Unheil bringen soll, so sehr ersehnt er ihn in der verheerenden Glut der tropischen Sonne.

Eines Tages überzieht sich der Himmel mit drohender Schwärze. Dann bricht es in mächtigen Güssen aus den Wolken nieder, das Deck wie eine Sturzflut überschwemmend.

„Um Gottes willen! Bleibt in der Kajüte!“, mahnt Trigault die Patres, die sich vom Regen erquickende Abkühlung versprechen. Aus den Luken quillt die Menge der Passagiere, bleich und elend von den Folgen der Seekrankheit. Lachend springen sie im Regen umher, freuen sich, wenn er sie bis auf die Haut durchnässt.

„Runter vom Deck!“, schreit der Kapitän. „Der Tod ist im Regen!“ Aber niemand hört auf die Warnung. Zu sehr freut sich alles über das kühlende Wasser.

„Ihr werdet sehen, wie es kommt!“, sagt Pater Trigault niedergeschlagen. „Pestdünste steigen aus afrikanischen Sümpfen mit dem Nebel auf, und der Regen bringt sie zurück. Ihr werdet sehn, was geschieht!“

Vergebens mahnt der Priester die Passagiere, ihre durchnässten Kleider sofort abzulegen und in der Sonne zu trocknen. Man verlacht ihn nur.

Wenige Tage später spüren die Unbelehrbaren die Folgen ihres Leichtsinns am eigenen Leibe. Beulen und Blattern bilden sich auf der Haut, die der verderbliche Regen getroffen hat. Die Kleider verfaulen, werden voller Würmer und Ungeziefer.

Bald liegen die Unglücklichen fiebernd und ächzend in ihren elenden Unterkünften.

Es gibt keinen Arzt an Bord, nur einen Barbier, der kaum ein anderes Mittel als den Aderlass kennt. Pater Terrenz, der über ausgezeichnete medizinische Kenntnisse verfügt, widmet sich den Kranken, gibt die nötigen Arzneien.

„So ähnlich war es in Köln, als der Schwarze Tod umging", meint Pater Schall, der dem Mitbruder wacker zur Seite steht.

„Ein pestartiges Fieber!", nickt Terrenz. „Aber nicht gerade der Schwarze Tod!"

„Was soll es schon sein?", grollt der Kapitän. „Das dreimal verdammte Guineafieber ist das. Ich erlebe es nicht zum ersten Mal. Der vermaledeite Regen ist schuld daran."

Auch die Missionare erkranken, als Erster Pater Kirwitzer. Eine Woche später packt das Fieber den unermüdlichen Adam Schall. Mit Ausnahme des Italieners Rho, der mit argen Kopfschmerzen davonkommt, wirft die unheimliche Seuche der Reihe nach alle Jesuiten aufs Krankenlager. So aber einer wieder zu stehen vermag, nimmt er erneut das Werk der Liebe auf.

Mehr als die Hälfte der Mannschaft und der Passagiere erkrankt. Die Missionare leisten Übermenschliches in ihrer Pflege. Aber zur Seuche gesellt sich der Tod.

Als Erster stirbt ein Schiffsjunge in den Armen eines portugiesischen Paters. Bald häufen sich die Todesfälle in erschreckendem Maße. Fünf Missionare, die Belgier Quintin Cousin, Hubert von St. Laurent und Johann de Celles, der Deutsche Alberich, der Italiener Cavallina, erliegen in der ersten Junihälfte der Würgehand der Seuche. Nikolaus Trigault erkrankt so schwer, dass man an seinem Aufkommen zweifelt.

„Der Tod ist an Bord!", ächzt Johann Terrenz, der sich mit

schwerem Fieber hat niederlegen müssen. „Das Unheil weht aus den Sternen. Mars und Saturn in den Plejaden! Das ist ein böses Omen! Gott sei uns gnädig!"

„Gott gebietet auch über die Sterne!", tröstet Schall, der sich verhältnismäßig schnell wieder erholt hat.

Unheimliche Fahrt! Die Stille hat das Schiff wieder freigegeben. So zieht es bei mäßigen Winden seinen Kurs weiter. Taumelnd vor Schwäche, tun die Matrosen ihre Arbeit bei Segel und Tauen. Sie singen nicht mehr beim Reffen und Beschlagen. Hie und da nur flucht einer mit krächzender Stimme.

Ein Gespensterschiff ist der „Gute Jesus" geworden, das sich keuchend und stöhnend mit schlaffen Segeln durch die Wellen schiebt, voll Not und Qual und elendem Sterben. Die kranken Passagiere sind kaum mehr imstande, sich der Ratten zu erwehren, von denen es unter Deck wimmelt.

Fünfundvierzig Opfer fordert der Tod. Ohne die Hilfe der Missionare wären es Hunderte gewesen. Auch der Kapitän liegt schwer krank in seiner Koje.

Zum Glück schickt der Himmel besseres Wetter. Bei günstigem Wind blähen sich die matten Segel wieder auf. Am 25. Juli sichtet man das Kap der guten Hoffnung. Die kühle, frische Luft lässt die Missionare wieder gesunden, nur die beiden Brüder Trigault fiebern noch. Man nimmt die Studien wieder auf. Pater Nikolaus unterrichtet vom Krankenlager aus seine Mitbrüder, um sie, deren Zahl so sehr zusammengeschmolzen ist, für ihre künftige Aufgabe fähig zu machen.

Auf der Höhe von Natal gerät das Schiff abermals in einen furchtbaren Sturm, der drei Matrosen das Leben kostet. Drei Tage und Nächte wütet das Unwetter, schleudert das Schiff gleich einer Nussschale über die finsteren Abgründe. Oft scheinen seine Wände unter dem Anprall der Wogen zu zerbrechen.

Wenige Tage später stirbt der Kapitän. Wegen der Nachfolge kommt es zu gefährlichen Streitigkeiten, und Nikolaus Trigault muss seinen ganzen Einfluss aufbieten, sie zu schlichten.

An Madagaskar vorbei segelt das Schiff mit Kurs auf Indien. Der Kapitän hat Order, zunächst Bombay anzulaufen. Aber die Mannschaft meutert, als das entfernter liegende Ziel bekannt wird. Die Nahrungsmittel sind so knapp geworden, dass man die Fahrt möglichst schnell beenden will.

„Wir bleiben nicht einen Tag länger als nötig auf dem Todesschiff!", schreien die Rebellen. Mit Messern, Äxten und Schiffsnägeln stehen die Matrosen den mit Pistolen bewaffneten Offizieren gegenüber. Die Katastrophe scheint unvermeidlich.

Da aber tritt Nikolaus Trigault, das Kruzifix in der Hand, zwischen die Parteien und gebietet Frieden im Namen Gottes. Man verzichtet darauf, Bombay anzulaufen.

Am 4. Oktober erreicht man das Reiseziel, die indische Stadt Goa.

Geschützsalven donnern dem Schiff ihren Willkommensgruß, als es in die Mündung des Mandovi einläuft. Die Schrecken der fünfeinhalbmonatigen Fahrt sind zu Ende. Vor dem „Guten Jesus" ist erst eine der kleinen Karavellen am Ziel angelangt.

Voll brüderlicher Liebe geleiten die Jesuiten Goas die Missionare in ihr Kolleg. Nach einem Bad legen die Reisenden indische Kleidung an. Der Barbier waltet seines Amtes. Dann vereinigt alle ein fröhliches Mahl.

„Sao Mauro", der einen Monat später ankommt, hat zweiunddreißig Tote zu beklagen, darunter einen Priester, der für die Japanmission bestimmt war. Aber die Zahl der Kranken ist viel größer als auf dem Schwesterschiff. Viele muss man auf Tragbahren in das königliche Spital bringen.

Wieder zwei Monate später wirft auch das Flaggschiff „Sao Carlo“ seine Anker im Hafen von Goa. Beim Kap der guten Hoffnung ist es sechs kleinen englischen Karavellen begegnet, doch kaufte sich der Großkapitän Don de Noronha, um einen Kampf zu vermeiden, mit 80 000 Talern frei.

Das letzte kleine Fahrzeug der portugiesischen Indienflotte dagegen schlug sich wacker mit den überlegenen britischen Schiffen herum, bis es gekapert und geplündert werden konnte. Die Sieger ließen es jedoch in Anerkennung seiner Tapferkeit weiterfahren. In Mozambique suchte es, übel zerrauft, aber mit stolz wehender Fahne Zuflucht.

Die Portugiesen in Goa sind empört über die Feigheit des Großkapitäns. Auch Pater Schall verhehlt seine Verachtung nicht.

„Mit seinen schweren Kanonen, war der ‚Sao Carlo‘ den Briten dreifach überlegen“, sagt er grimmig. „Die hätten es sich gewiss reiflich überlegt, im Ernst mit dem Koloss anzubinden, in dessen Bordwänden ihre Kugeln wie Nägel stecken geblieben wären!“

Die portugiesischen Behörden von Goa sind der gleichen Ansicht. Sie schicken Don de Noronha in Ketten nach Lissabon zur Aburteilung durch den spanischen König, der zu jener Zeit auch über Portugal herrscht.

Den Winter und das folgende Frühjahr verbringen die Missionare im „Goldenen Goa“, der Stadt der Paläste, Kirchen und Klöster, dem „asiatischen Rom“. Aber zweimal noch greift die Schreckensfaust des Todes von Guinea über alle Meere hinweg zu. Philipp Trigault und ein Scholastiker sind seine Opfer. Dem Endziel so nahe, erliegen sie der unheilvollen Seuche.

Der Kampf um Macao

Die Karavelle, an deren Bord die Missionare im Mai des folgenden Jahres Weiterreisen, macht eine wahre Höllenfahrt. Die äquatoriale Sonne treibt den letzten Schweißtropfen aus den Poren, und bald gibt es nichts als einen einzigen Becher fauligen Wassers, den Durst zu stillen.

Ein Sturm wirft das Schiff in der Meerenge von Malakka auf eine Sandbank. Tagelang liegt es fest, ein zerrupfter Vogel mit gebrochenen Schwingen. Großmast und Fock sind über Bord gefegt, haben einige Matrosen in die höllische Tiefe gerissen. Notdürftig flickt man die Schäden. Endlich wird die Karavelle wieder frei; aber im Meer von Cochinchina sind wieder alle Teufel los. Drei Tage und Nächte rasende, peitschende, blitzdurchflammte Finsternis! Siebzig Stunden lang heult der Orkan. Siebzig Stunden ist das Schiff der Spielball des Todes.

Wie durch ein Wunder übersteht das Fahrzeug das furchtbare Wetter, erreicht endlich das Ziel, die kleine portugiesische Kolonie Macao auf einer dem chinesischen Festland vorgelagerten Halbinsel. Todmüde und zerschlagen langen die Missionare in dem auf einer Anhöhe gelegenen Sankt Pauluskolleg der Jesuiten an, wo die Liebe der Mitbrüder sie wieder zu Kräften kommen lässt.

„Fürs erste seid ihr hier daheim“, sagt Pater Bruno, der Obere des Hauses. Er stammt aus der Lombardei, und eigentlich heißt er Burro. Da dieses Wort in der portugiesischen Sprache aber Esel bedeutet, hat man seinen Namen notgedrungen ändern müssen.

„In ein paar Tagen werden wir Weiterreisen", wehrt sich Pater Schall ungeduldig. „Unser Ziel ist nicht Macao, sondern China."

„*Pazienza,* mein Lieber, Geduld, Geduld!", lächelt der Rektor. „China ist für uns wieder einmal verschlossenes Land. Man hat vor Jahresfrist unsere Brüder aus dem blumigen Reich der Mitte verjagt. Pater Alfons Vagnoni kann dir Näheres berichten."

„Pater Vagnoni?"

„Ja, er kam mit Pater Semedo, mit dem er lange segensreich in Nanking gewirkt hat, hier an. Der ehrenwerte Herr Shen-kio hatte ihnen die Fußsohlen mit Bambusstöcken zerschlagen und sie gleich wilden Tieren in Käfigen außer Landes bringen lassen."

„Wer ist dieser Herr Shen-kio?"

„Der Vizepräsident des Kultusministeriums zu Nanking, außerdem der größte Christenhasser in ganz China. Er hat es verstanden, vom Kaiser Wan-li ein Ausweisungsedikt zu erwirken. In seinen Anklageschriften, mit denen er den Hof bombardierte, nannte er die Missionare ausländische Hunde, Verbreiter verderblicher Lehren, die kein anderes Ziel hätten, als die Herrschaft des Kaisers, den der Himmel zum Herrn der Welt gemacht habe, zu zerstören. Um vor dem lästigen Mahner endlich Ruhe zu haben, unterschrieb die erhabene Majestät das Edikt, obwohl sie selbst die Jesuiten hochschätzte."

„Ein schöner Kaiser!"

„Frag' Pater Vagnoni nach den Zuständen am Hof!" erwidert der Rektor achselzuckend.

Alfons Vagnoni, ein feuriger Südländer, dessen hagerem Gesicht man noch jetzt die Zeichen der überstandenen Leiden wohl ansieht, erklärt den Mitbrüdern bereitwillig die Lage.

„Shen-kio hätte niemals sein teuflisches Ziel erreicht, wenn am Hof zu Peking nicht solch haarsträubende Zustände herrschten. Der Erbe der großen Ming-Dynastie ist ein willenloses Werkzeug in den Händen seiner Hofschranzen, Palastdamen und Eunuchen. Dabei täte eine starke Hand gerade jetzt mehr denn je not. Von allen Seiten wird der chinesische Koloss bedrängt. Japaner, Birmanen, Mongolen und vor allem das kleine tapfere Jägervolk der Mandschu warten nur auf eine günstige Stunde, ihm den Todesstoß zu versetzen. Das Volk, vom Hof und den Mandarinen in den Provinzen aufs schamloseste ausgesogen, leidet entsetzlich.“ Pater Vagnoni ist aufgesprungen und macht, auf seinen Krückstock gestützt, ein paar heftige Schritte.

„China hat oft gehungert, aber nie so grausam, so über alle Maßen, wie in den vergangenen Jahren. In Honan nährten sich die Menschen von Gras. In Schensi hatten sie nicht einmal das. Man aß die Rinde der Bäume, und als es keine Rinde mehr gab, suchte man sich vom Schiefergestein der Berge zu sättigen. Ja, satt wurden die armen Tröpfe, aber nach wenigen Tagen schwollen die Mägen an und platzten. Was kümmert es den Sohn des Himmels und das Hofgeschmeiß von Peking, ob ein paar Hunderttausend Untertanen krepieren?“

„Und wie kam es zum Ausweisungsedikt?“, fragt Schall begierig.

„Nun, der ehrenwerte Herr Shen-kio füllte die stets offenen Hände der Palasteunuchen mit weißem und gelbem Korn.“

„Womit?“

„Du kannst es auch Silber und Gold nennen. Es ist das gleiche. Dafür würde die verkommene Gesellschaft Vater und Mutter ans Messer liefern."

„Aber die christlichen Mandarine", wirft Pater Trigault ein. „Wir haben doch einflussreiche Freunde in Peking! Konnten sie nicht helfen?"

„Sie taten, was sie konnten. Noch heute verbergen sie einige unserer Mitbrüder in ihren Wohnungen. Doch sind sie nicht sehr wohlhabend, da sie es verschmähen, sich auf Kosten des Volkes zu bereichern, und solange sie den Eunuchen nicht mehr weißes oder gelbes Korn in die fetten Hände drücken können als Shen-kio, werden sie nichts ausrichten."

„So müssen wir eben warten, bis sich die Lage zu unseren Gunsten ändert", meint Trigault niedergeschlagen.

„Wird uns nichts anderes übrig bleiben!", knurrt Vagnoni. „Aber das ewige Warten macht mich verrückt." Zornig stößt er mit seinem Krückstock auf den Boden.

Indessen verbringt Schall die Wartezeit nicht müßig. Vagnoni wird nun sein Lehrer in der chinesischen Sprache. Er führt ihn in die Geisteswelt dieses Volkes ein, liest mit ihm die Schriften Lao-tses und Kungfu-tses, über deren Weisheit und hohen sittlichen Gehalt der Rheinländer immer wieder staunt.

„Ja, *carissime*", sagt Vagnoni, „die Chinesen waren schon ein hochkultiviertes Volk, als ihr am Rhein noch auf der Bärenhaut lagt. Sie erfanden die Buchdruckerkunst fünfhundert Jahre vor eurem Gutenberg und das Pulver lange vor Berthold Schwarz, wenn sie es auch nicht zum Schießen, sondern zum Sprengen des Gesteins und für ihre Feuerwerke gebrauchten. Zweitausend Jahre vor Christi Geburt hatten sie schon eine astronomische Behörde, die Finsternisse vorauszusagen und den Kalender zu ordnen. Aber China ist seit Jahrhunderten heillos degeneriert, ein Greis mit verkalktem Hirn und lahmen Lenden, unfähig, neues Leben zu zeugen. Es hockt hinter seiner großen Mauer, wärmt sich selbstgefällig an der Sonne seiner längst erstarrten Kultur und. riegelt sich größenwahnsinnig von allem Fortschritt ab."

„China ist das Land der großen Widersprüche", erklärt er ein anderes Mal. „Das Volk singt jahrtausendealte Lieder voller Anmut und Zärtlichkeit und neigt gleichzeitig zu teuflischer Grausamkeit. Es fügt Schmerzen zu und gleicht wieder einem Märtyrer mit einer unvorstellbaren Fähigkeit zu dulden. Es quält und lächelt. Es leidet und lächelt. Es ist das höflichste Volk der Welt und zugleich das verschlagenste. Es ehrt Vater und Mutter mehr als die besten Christen und überlässt oft genug die eigenen Kinder dem Elend und der Schande. Immer aber zeigt sein Gesicht das gleiche maskenhafte und undeutbare Lächeln Asiens. Es ist schwer, mein Freund, hinter die ewig grinsende Larve zu schauen."

Indessen bleiben die Studien Schalls, der sich nun auch wieder mit Eifer der Mathematik und Astronomie widmet, nicht ungestört. Es ist Portugals Unglück, dass es in jener Zeit unter dem spanischen König steht. Die Holländer, mit denen Spanien seit Jahrzehnten erbittert um seine Kolonien kämpft, bedrohen immer wieder Macao. Mehrmals schon haben die Niederländer portugiesische Schiffe im Hafen samt ihrer reichen Ladung gekapert. Ein zwölfjähriger Waffenstillstand ging Anno 1621 zu Ende. So zieht eine neue schwere Gefahr auch für die Missionare am Horizont auf. Pater Bruno, der Rektor des Kollegs, hat sich vorgesehen und ein paar englische Kanonen, die bei einem Schiffbruch ans Land geworfen wurden, auf den Berg bringen lassen, um das Kloster, wenn nötig, selbst zu verteidigen. Der portugiesische Platzkommandant hat seiner Zeit darüber spöttisch den Kopf geschüttelt. Doch wird es sich zeigen, dass die Vorsicht der Jesuiten nicht vergebens war.

Am 22. Juni 1622 sichtet man vor Macao eine starke holländische Flotte. In aller Eile lässt der Befehlshaber die Küstenbatterien in Bereitschaft setzen. Zwei Tage später, am Sankt-Jobannes-Tag bricht die Hölle los. Die holländischen Kriegsschiffe feuern aus allen Rohren, aber die Portugiesen wehren sich tapfer. Dennoch sind sie der Übermacht nicht gewachsen.

Östlich der Stadt schießen die Holländer einen Erdwall zusammen, landen achthundert Mann mit mehreren Geschützen, rücken mit fliegenden Fahnen unter Trommelschlag und klingendem Spiel gegen die Stadt vor. Wohl schreien von allen Türmen Macaos die Sturmglocken, aber die Portugiesen haben den Mut verloren und denken kaum mehr an Widerstand.

Da, in der äußersten Not, als alles schon verloren scheint, kracht vom Berg her ein Kanonenschuss. Ein zweiter, dritter und vierter folgt. Pater Rho, der pulvergeschwärzt die Geschütze bedient, hat gut gezielt. Der erste Schuss streckt den Befehlshaber der Landetruppen, General Ruffijn, nieder. Der letzte trifft einen Pulvertransport. Der Vormarsch stockt. Die Niederländer suchen am Abhang eines Hügels Schutz, geraten aber dort in das Feuer der auf der Höhe postierten Soldaten.

Indessen eilt Pater Bruno mit seinen Jesuiten in die Stadt. Er reißt eine Trommel an sich, die ein Tambour fortgeworfen hat, und schlägt Alarm. Da kommen die Soldaten, die sich in Kellern und Winkeln verkrochen haben, aus ihren Verstecken, folgen ihren Offizieren und stürmen wider den Feind, allen voran Pater Bruno, den blanken Degen in der Faust.

In Adam Schall wallt das Blut eines alten wehrhaften Geschlechts auf. Auch er stürzt sich in das Getümmel. Die Holländer packt eine Panik. Sie denken nicht mehr an Gegenwehr, werfen Fahnen und Waffen fort und flüchten Hals über Kopf zu den rettenden Booten.

Der Kölner erwischt einen holländischen Hauptmann beim Koller, schleppt ihn als Gefangenen in die Stadt.

Zwei Stunden währte der Kampf. Die Holländer, die auch ihren Admiral durch einen Volltreffer verloren haben, geben den Angriff für dieses Mal auf und segeln davon.

„Unsere alten Kanonen haben uns gerettet", sagt Schall, als er auf den Berg zurückkehrt, „und bei Gott, Pater Rho, du hast trefflich gezielt!"

„Wenn die Holländer gewusst hätten, dass nach den vier Schuss fürs erste mein Pulver alle war, hätten sie sich wohl nicht derart ins Bockshorn jagen lassen!", lacht der Italiener und wischt sich den Ruß aus dem Gesicht.

In China freut man sich über den Sieg. Die Behörden Kantons senden Glückwünsche und einen großen Vorrat an Reis in die Stadt.

Neue Nachrichten kommen aus China. Der alte Kaiser Wan-li ist tot. Sein Sohn Tai-chang, die Hoffnung aller Guten, wird nach einmonatiger Regierung von seinen Höflingen vergiftet. Prinz Tien-ki, der seinem Vater auf dem Drachenthron folgt, ist ein schüchterner, furchtsamer Jüngling, Wachs in den Händen des allmächtigen Obereunuchen Wei, der seinen Willen durch Verleitung zu allerlei verderblichen Ausschweifungen lähmt. Dabei wächst die Gefahr von außen immer bedrohlicher. Die Mandschu fallen ins Land ein, schlagen ein chinesisches Heer in Stärke von zweihunderttausend Mann, erobern die Städte Mukden und Liaoyang.

Eines freilich gibt den Missionaren neue Hoffnung. Shenkio, der Christenhasser, fällt in Ungnade und muss sein Spiel verloren geben. So treten die Jesuiten, obschon der Ausweisungsbefehl noch nicht widerrufen ist, den Weg von Macao ins Innere Chinas an.

Eine kleine Gruppe, zu der auch Pater Schall gehört, fährt in Dschunken den Peiking aufwärts, übersteigt den Meilingpass und setzt die Reise auf dem Kan-Fluss fort.

Die Sonne brennt ohne Erbarmen. Dann öffnet der Himmel alle Schleusen. Gewaltige Regengüsse rauschen nieder, aber wenige Stunden später dampft das Tal wieder in glühender Luft.

Die Kulis in den Dschunken stemmen die nackte Brust wider die schweren Stangen, die Boote vorwärtsstoßend. „Hi-ee, hi-ee!", schreien sie zum Takt ihrer Ruder. Wenn die Strömung zu stark wird, gleiten sie ins Wasser, waten ans Ufer und schleppen an Tauen die Dschunken mit monotonem Gesang weiter.

Die roten Felswände werfen die fürchterliche Hitze mit verdoppelter Glut in den kochenden Dunst zurück.

Nach vielen Wochen erreicht man das erste Reiseziel, die Stadt Hankou. Von dort macht sich Pater Schall mit dem siebzigjährigen Sizilianer Pater Langobardi auf den Weg nach Peking.

Es wird Winter. Über vereiste Straßen stapft die kleine Maultierkarawane. Endlose Schneefälle verfinstern den Tag. Der Frost martert die Reisenden trotz ihrer wattierten Kleidung. Die Maultiertreiber ziehen einen Rock über den anderen an.

„Es friert sieben Röcke stark“, sagen sie grinsend.

Man nächtigt in elenden Spelunken auf schmutzigen Matten, die von Ungeziefer wimmeln. Eisige Zugluft dringt durch die Risse der Lehmmauern und die Löcher der Fenster aus Ölpapier. Eine Feuerung gibt es nicht.

Sechs Tage vor dem chinesischen Neujahr treffen die Missionare in der Hauptstadt ein. Im Taumel der Festlichkeiten achtet niemand auf die beiden Fremden, die nach chinesischer Sitte gekleidet sind. Überall hängen Lampions und Papierfahnen in der roten Farbe des Glücks, auf denen Wünsche für langes Leben, Gesundheit, Reichtum und natürlichen Tod gemalt stehen.

In den engen Gassen schiebt und drängt sich ein ungeheures Gewimmel von Menschen und Tieren. Kulis schleppen an ihren Schulterhölzern überschwere Lasten, schreien zu jedem Schritt ihr schwermütiges „ah-yo, ah-yo!“. Straßenhändler rufen ihre Waren aus. Bettler zeigen ihre ekelhaften Gebresten. Dazwischen schaukeln seideverhängte Sänften vornehmer Mandarine. Pater Schall, der aus der Stille der langen Wanderwege kommt, ist schier betäubt von all dem Lärm.

Ein ziemlich geräumiges, einstöckiges Haus mit geschwungenem Giebeldach nahe dem Südwesttor der Nordstadt ist das Ziel der Reise. Einst gehörte es Pater Ricci, dem großen Missionar Pekings.

„Ich habe das Haus in der Verfolgungszeit gekauft, um es vor der Zerstörung zu bewahren“, erklärt der Hausherr, ein christlicher Chinese, mit tiefen Verbeugungen. „Aber nun gehört es euch, geehrte uralte Herren.“

„Uralte Herren?, flüstert Schall dem Mitbruder auf italienisch zu.

„Sei still, das ist so die chinesische Höflichkeit“, antwortet Langobardi, dann verneigt er sich vor dem Gastgeber mit den Worten: „Wir danken dir für deine unvergleichliche Güte, deren wir nicht würdig sind, und wünschen dir tausend Jahre Leben und Gesundheit.“ Dabei schüttelt er nach chinesischer Sitte sich selbst die Hände.

„Hundert Jahre täten es auch“, meint Schall.

„Ja, aber tausend sind höflicher als hundert.“

Gegen Sonnenuntergang, als der Chinese den Gästen ein reichliches Mahl auftragen lässt, erschallt plötzlich von der Straße her ein fürchterlicher Lärm. Pfeifen, Trommeln, Becken, Kessel, Holz klappern und Gongs machen ein unbeschreibliches Getöse.

„Was ist denn das?“, fährt Schall von seinem Sitz auf.

„Oh, nichts, ehrwürdiger Vater!“, grinst der Chinese. „Meine Landsleute wollen vor dem Neujahr nur die bösen Geister verscheuchen.“

„Na, die Geister scheinen wenigstens ein musikalisches Gehör zu haben, dass der Radau sie schreckt!“, lacht der Rheinländer. „Die Kölner schlagen zu Fastnacht ja auch allerlei Krach, aber gegen das hier ist ein rheinischer Karneval der reinste Leichenzug.“

„Wobei man bedenken muss, dass ein chinesisches Begräbnis ohne den Lärm gemieteter Berufsklageschreier auch nicht denkbar ist!“, setzt der Sizilianer lächelnd hinzu.

Kanoniere des Himmlischen Reiches

Am zweiten Neujahrstag empfangen die Patres den Besuch des christlichen Mandarins Dr. Paul Hsü Kuang-ki, der ein wichtiges Amt im Kultusministerium bekleidet. Mit umständlichen Höflichkeitsbezeugungen überreicht er das übliche Narzissensträußchen und ein mit roter Schleife versehenes Geschenk. Dann bespricht man die Lage.

„Das Ausweisungsedikt ist noch in Kraft", sagt der Mandarin. „Wir müssen sehen, wie wir eure Anwesenheit in Peking rechtfertigen."

„Ist denn keine Hoffnung, dass der Kaiser den Erlass aufhebt?", fragt der Italiener.

„Der Kaiser!" Ein Schatten huscht über Dr. Pauls feines Gelehrtengesicht. „Der Obereunuch Wei schließt ihn von der Umwelt völlig ab. Mit dem verheerenden Opium hält er ihn in seiner Gewalt. Nein, vom Kaiser ist nichts zu hoffen."

„Aber wir haben doch mächtige Freunde!"

„Freilich! Dr. Chang, der Innenminister, der den Titel ‚Mandarin des Himmels' führt, ist unserer Sache gewogen. Sein Sohn hat die Taufe genommen. Ich will mit dem Minister die Angelegenheit besprechen. Ihr werdet bald wieder von mir hören. Inzwischen werde ich euch Kleider beschaffen, die eurer Gelehrsamkeit entsprechen und euch das nötige Gesicht geben."

Schon tags darauf erhalten die Missionare zwei Seidengewänder, wie die chinesischen Literaten sie tragen.

Einige Wochen später, kurz nach dem Laternenfest, das man in Peking mit großem Prunk und riesigem Feuerwerk feiert, erscheint Dr. Paul Hsü abermals und lädt die Jesuiten zu einem Besuch des Kriegsministers ein.

„Was sollen wir denn beim Kriegsminister?“, fragt Schall verblüfft.

„Oh, ihr werdet sehen, ehrwürdige Väter!“, antwortet der Mandarin geheimnisvoll lächelnd. Draußen nötigt er sie in Tragsänften, in denen sie den Weg zum Pöng-pu, dem Kriegsministerium, schnell zurücklegen.

Der hohe Herr begrüßt seine Gäste mit ausgesuchter Höflichkeit, schüttelt sich mehrmals selbst die Hände, erkundigt sich umständlich wiederholt nach der Gesundheit und dem „sehr geehrten Stuhlgang“ der Fremden, lässt ihnen in feinen Porzellantassen dampfenden Tee vorsetzen und bringt endlich die Rede auf sein Anliegen.

„Die verehrten, uralten Herren wissen, dass das Reich der Mitte zur Zeit von den räuberischen Mandschu schwer bedroht wird. Was wir brauchen, uns ihrer zu erwehren, sind jene Waffen, über die der Westen verfügt. Glaubt ihr, dass die Portugiesen in Macao uns Geschütze liefern werden?“

„Jetzt lässt er die Katze aus dem Sack!“, denkt Pater Schall.

„Du weißt, erlauchter Herr“, erinnert Dr. Paul Hsü, „dass die Söhne des Westens schon vor zwei Jahren auf unsere Bitten eine Truppe mit dreißig Kanonen, zu unserer Unterstützung entsandten. Als sie jedoch in Kanton ankamen, ließ man sie wissen, ihre Hilfe sei nicht mehr notwendig, man danke höflichst für die Bereitwilligkeit und die aufgewandten Kosten. Der Mandarin Shen-kio vereitelte damals die Sache.“

„Shen-kio hat sein Gesicht verloren!“, antwortet der Minister stirnrunzelnd. „Ihr glaubt also, dass die Portugiesen nunmehr die erbetenen Geschütze senden werden?“, wendet er sich abermals an die Missionare.

„Sie werden es sich zu hoher Ehre anrechnen, dem Reich der Mitte ihre geringen Dienste leisten zu können!“, versichert Langobardi.

„Und ihr, geehrte, uralte Herren, seid ihr willens und fähig, unsere Soldaten in der Handhabung der Feuerwaffen auszubilden? Mein Freund Dr. Hsü-Kuang-ki hat euch als militärische Sachverständige gerühmt, und euer tapferer Einsatz beim Kampf um Macao wurde mir mit höchstem Lob vermeldet.“

Pater Schall schielt heimlich zu dem christlichen Mandarin hinüber, der mit undurchdringlichem Lächeln dasitzt. Langobardi aber antwortet nach kurzem Zögern: „In Macao griffen einige unserer Brüder in der äußersten Not zu den Waffen, Hoheit. Die Portugiesen werden erfahrenere Artilleristen mit den erbetenen Kanonen schicken. Wir selbst sind Diener der Religion. Doch werden wir die Söhne des Westens ermahnen, im Dienst eures Volkes treu ihre Pflicht zu tun.“

Der Minister verbirgt seine Enttäuschung hinter dem Lächeln Asiens.

„Ihr werdet sie also anhalten, tapfer zu schießen und den Feind zu treffen?“, fragt er endlich. „Nun, gut, das ist auch etwas. So werdet ihr denn eine Aufenthaltsgenehmigung für Peking erhalten, und zwar unter dem Titel ‚militärischer Sachverständiger.‘ Ich danke euch für den ehrenvollen Besuch in meiner erbärmlichen Hütte.“

Damit ist die Audienz beendet.

„Seid ihr zufrieden?“, fragt Dr. Paul die Missionare, als sie die „erbärmliche Hütte“, in Wirklichkeit einen prunkvollen, mit erlesenen Kunstwerken ausgestatteten Palast, verlassen.

„Der Minister hätte uns wohl am liebsten gleich in Uniform gesteckt!", antwortete Langobardi. „Aber meinetwegen sind wir militärische Sachverständige, wenn wir nur bleiben und unserer Aufgabe nachkommen können."

„Dann ist ja alles in Ordnung!", lächelt Hsü Kuang-ki.

„Kanoniere des himmlischen Reiches, das wäre doch gar keine schlechte Bezeichnung für christliche Missionare!", lacht Adam Schall, als sie wieder daheim sind. „Paulus wurde den Juden ein Jude, den Griechen ein Grieche und den Sklaven ein Sklave. Warum sollen wir den Chinesen nicht Chinesen werden? Mein Bart wächst prächtig, und das Gewand eines Literaten ist eine ganz kleidsame Tracht. Aber sag mal, mit welchem Namen hat der gute Hsü mich eigentlich beim Kriegsminister vorgestellt? Ich habe ihn kaum verstanden."

„Er nannte dich Tang Jo-wang in klanglicher Nachbildung deiner beiden Vornamen Adam und Johannes. Das wird nun für alle Zukunft dein chinesischer Name sein."

„Tang Jo-wang klingt gar nicht übel! Tang Jo-wang! Das muss ich mir wohl merken."

In den folgenden Monaten setzt Schall seine Studien fort. Dr. Paul Hsü wird nunmehr sein geduldiger Lehrmeister. Er unterrichtet ihn nicht nur in den Schriftzeichen und vervollkommnet seine Sprachkenntnisse, sondern führt ihn auch in die chinesische Literatur und die Kultur des himmlischen Reiches ein.

Die Missionsarbeit selbst erfordert nach wie vor größte Vorsicht. Noch gibt es in Peking erbitterte Feinde, deren größter Wei-kung, ein Beamter im astronomischen Amt, der für seine

Stellung und sein Ansehen als Gelehrter fürchtet, die Ausländer argwöhnisch überwacht. Immer wieder warnt Hsü Kuangki vor ihm. „Glaubt mir, ehrwürdige Väter", sagt er oft, „ihr könnt nicht einen Schritt tun, den dieser Mann nicht durch seine Spione belauert. Die Zeit der freien Religionsausübung wird auch für die Christen kommen. China duldet an sich jede Religion ohne Einschränkung. Neben den Tempeln unserer Götter stehen buddhistische Pagoden und mohammedanische Moscheen. Warum sollte das Christentum sich nicht ebenso frei entfalten? Aber noch ist diese Zeit nicht da. Ihr müsst euch gedulden."

„Gedulden!", knurrt Pater Schall, in dem alles brennt, sich der großen Aufgabe des Apostolats zu widmen.

„Ihr denkt noch zu europäisch!", lächelt der Mandarin. „Asien hat mehr Zeit als der Westen. Unsere Woche hat zehn Tage und unsere Stunden haben hundertzwanzig Minuten."

Dennoch üben die Missionare, zu denen sich noch der Portugiese Manuel Diaz gesellt, insgeheim ihre priesterliche Tätigkeit aus. Dr. Paul macht sie mit vielen seiner Freunde bekannt, und in langen Gesprächen bekehrt sich mancher zur Religion des Heiles. Man hat die Freude, einen nahen Verwandten des Kaisers taufen zu können. Auch den Finanzminister macht der Kölner sich zum Freund. Im Auftrag des hohen Herrn, der sich für astronomische Fragen sehr interessiert, arbeitet er einen Bericht über die am 8. Oktober 1623 zu erwartende Mondfinsternis aus. Auf die Minute tritt alles so ein, wie er es berechnet hat.

Am folgenden Tag besucht der Minister den Pater mit einigen seiner Beamten in dessen Wohnung, dankt begeistert für die treffliche Arbeit und bittet, er möge ihn nach chinesischem

Brauch als seinen Schüler annehmen und in der Sternkunde unterweisen.

„Deine Hoheit beschämt ihren unwissenden Diener", antwortet der Priester, der sich inzwischen an chinesische Höflichkeitsformen gewöhnt hat. „Ich bin durchaus unwert, einen so hochgelehrten Herrn zu unterrichten und würde niemals wagen, ihn belehren zu wollen." Er weiß, dass die Bitte des Ministers nichts als eine höfliche Phrase ist, durchaus nicht ernst gemeint.

Dem hohen Herrn gefällt die Antwort außerordentlich. Er besteht zwar keinen Augenblick länger auf seiner Bitte, dann aber wendet er sich seiner Begleitung zu und sagt: „Wahrhaftig, China hat in diesem Jahrhundert zwei durch Wissenschaft und Tugend hervorragende Männer aufzuweisen. Der erste war Dr. Li", so nannten die Chinesen den Pater Matteo Ricci, „der zweite ist dieser unser Meister, dem ich tausend Jahre Glück und Gesundheit wünsche." Zugleich bittet er den Pater um eine Vorausbestimmung der im September des nächsten Jahres zu erwartenden Mondfinsternis.

Schall schreibt darüber eine Abhandlung in zwei Bändchen, worin nicht nur die genaue Zeit bestimmt, sondern auch eine bildliche Darstellung gegeben wird nebst einer Erörterung aller einschlägigen Fragen. Dr. Paul Hsü lässt die Arbeit auf feinstem Papier drucken und überreicht ein Exemplar dem Kultusminister, der sie mit großem Interesse entgegennimmt.

Schall selbst wird die Ehre zuteil, die angekündigte Finsternis im Haus des Finanzministers zu beobachten. Wieder stimmt alles genau. Der hohe Mandarin spart nicht mit Lob.

„Du hast gute Arbeit geleistet, geehrter Freund", sagt er begeistert. „Ich werde das Kultusministerium bitten, dir ein kaiserliches Stipendium für deine wissenschaftliche Tätigkeit zukommen zu lassen."

Schall hat jedoch Bedenken, sich der Regierung auf diese Art zu verpflichten, so lehnt er mit wiederholten höflichen Dankesbezeugungen ab. Indessen öffnet ihm die Gunst des Ministers viele Türen zu den Häusern einflussreicher Mandarine.

Herzliche Freundschaft verbindet ihn mit dem jungen chinesischen Gelehrten Dr. Philipp Wang, der aus der Provinz Shensi stammt und ein Amt im Justizministerium innehat. Er ist mit glühendem Herzen Christ und scheut kein Opfer, den Missionaren bei ihrem stillen, segensreichen Werk zu helfen.

Im Jahre 1627 stirbt sein Vater, und Dr. Wang kehrt, wie es die chinesische Sitte vorschreibt, zu dreijähriger Trauer in seine Heimat zurück.

Wenige Tage zuvor ist der junge Kaiser Tien-ki als Opfer seines lasterhaften Lebens und seiner unsinnigen Ausschweifungen gestorben. Sein Bruder Chung-cheng verurteilt den unwürdigen Eunuchen Wei zum Tode. Wei erdrosselt sich mit einer Seidenschnur, aber noch seine Leiche lässt der ergrimmte Kaiser enthaupten.

Für die Missionare scheinen bessere Zeiten zu kommen. Dr. Wang erbittet die beiden Patres Schall und Semedo als Glaubensboten für seine Heimatprovinz mit dem Sitz in deren Hauptstadt Singanfu, wo er ihnen nicht nur eine Wohnung zur Verfügung stellt, sondern auch eine kleine Kapelle erbaut.

Das entstellte Antlitz

Singanfu ist der Ausgangspunkt der großen Seidenstraße, die das Reich der Mitte mit dem Westen verbindet. Riesige Karawanen treffen alljährlich hier ein, Türken, Armenier, Perser, Ungarn, Kaufleute aus Samarkand, Yarkand und Hami. Mit reichen Schätzen kommen sie, bringen Porphyr und Jaspissteine, Baumwolle, Teppiche, Salmiak, getrocknete Trauben, Säbel und Pferde. Dagegen tauschen sie Seidenstoffe, Porzellan, Moschus, Rhabarber und Tee. In ihren bunten, malerischen Trachten erscheinen sie als Boten einer fernen, märchenhaften Welt.

Prächtige Paläste schmücken die Straßen der großen Stadt, aber in den engen Gassen wohnt das Elend. Die armen Seidenweber verdienen kaum ihr Schüsselchen Reis, dessen sie zum Leben bedürfen. In Singanfu lernt Pater Schall den ganzen Jammer Asiens kennen.

An allen Straßenecken hocken erbärmliche, ausgehungerte Gestalten, die mit eintönigem Gemurmel um Almosen flehen. Gesichter starren ihn an, vom Aussatz zerfressen, von eiternden Geschwüren entstellt, mit leeren Augenhöhlen, deren entzündete Lider durch kleine Bambusstäbchen offengehalten werden. Menschen mit blutigen Stümpfen, Kinder in stinkenden Lumpen mit struppigem, vom Grind zerfressenem Haar, verlaust und unsagbar verwahrlost.

Zur Nachtzeit findet er immer wieder irgendwo in den kotigen Gassen, in schmutzstarrende Fetzen gehüllt, neugeborene Mädchen, von den eigenen Müttern ausgesetzt und den herumstreunenden Hunden überlassen. Mehr als einmal entreißt er solch ein armseliges Wesen den verwilderten Kötern, die sich kläffend um die Beute zanken.

Eines Tages liest er einen zehnjährigen Jungen von der Straßenecke auf, der wimmernd in einem Winkel hockt und in seinen dürren Armen eine tönerne Schale hält. Der arme, völlig zerlumpte Knabe ist blind und an beiden Füßen gelähmt. So sehr jammert der Unglückliche den Priester, dass er ihn auf die Arme nimmt und in seine Wohnung trägt.

„Was bringst du denn da?", fragt Pater Semedo, der Portugiese.

„Ich bringe dir Asien!", antwortet Schall düster. „Da hast du das ganze verkommene Reich der Mitte, das sich der ältesten Kultur der Welt rühmt."

„Ich bitte dich, geehrter Herr, lass mich wieder auf die Straße!", wimmert der Knabe. „Der Vater schlägt mich tot, wenn meine Schale ohne Münzen bleibt."

„Dein Vater wird froh sein, wenn du hier einige Tage guter Pflege genießest."

„Nein, nein!", ächzt das Kind. „Ich muss doch betteln. Mein Vater erschlägt mich, wenn ich nicht genug heimbringe."

„Wie kommt es, dass du auf beiden Füßen lahmst?", fragt Schall, während er ihm die stinkenden Lumpen vom Leibe löst.

„Ich ich ", stammelt der Junge. „Ich darf es nicht sagen, ehrenwerter Herr."

„Ich will es aber wissen und auch, wo du deine Augen verloren hast."

„Mein Vater!“, ächzt der Kleine.

„Dein Vater, nun?“

„Ich darf es nicht sagen. Wenn der Vater es erfährt, erschlägt er mich mit einer Eisenstange.“

„Dein Vater wird nichts erfahren. Sprich!“

„Die Fußsehnen - mit dem Messer zerschnitten!“, stöhnt der Blinde.

„Und die Augen?“

„Die Augen - mit glühender Asche gerieben!“

„Wer, dein Vater?“, fragt Schall, vor Grausen erbleichend.

„Der Vater, ja! Aber sag ihm nichts, bitte, ehrenwerter Herr!“

„Oh, du mein Gott!“, stöhnt der Priester.

„Ja, das ist Asien!“, nickt der Portugiese. „Das ist China, mein Freund. Du wirst dergleichen noch oft erleben. An jeder Straßenecke wirst du Kinder finden, die von den Eltern verstümmelt wurden, das Mitleid der Fremden zu rühren.“

„Aber warum schreitet denn niemand ein? Es gibt doch Richter in China!“

„Du vergissest, dass der Vater unbeschränkte Gewalt über seine Kinder hat. Er kann mit ihnen machen, was er will. Sie sind sein Eigentum wie ein Hund oder ein Stuhl. Wen kümmert es, wenn jemand seinen eigenen Stuhl zerschlägt?“

„Lass mich wieder frei!“, bettelt der Junge, und als der Priester ihn einen Augenblick loslässt, sucht er, auf Händen und Füßen kriechend, die Tür zu erreichen. Aber Pater Schall fängt ihn wieder ein und sagt: „Du wirst bei uns bleiben, ein gutes, sauberes Kleid haben und jeden Tag zu essen, so viel du willst.“

„Der Vater holt mich und schlägt mich tot!“, winselt der Kleine.

„Ich bin davon überzeugt!“, nickt Semedo traurig. „Am besten bringst du den Jungen dorthin zurück, wo du ihn geholt hast."

„Der Junge bleibt hier!", flammt der Deutsche auf. „Ich werde für ihn sorgen."

In dem Augenblick klopft es ans Haustor.

„Der Vater!", schreit der Junge, am ganzen Leibe zitternd.

Schall öffnet die Tür. Ein schmutziger Kuli tritt ein, der heftig nach Reisschnaps riecht. „Was willst du?", fragt der Jesuit.

„Du hast etwas gefunden, was mir gehört, geehrter alter Herr", sagt der Chinese, sich verneigend.

„Was meinst du?"

„Nun, nichts Wichtiges! Kaum der Rede wert! Nur meinen nichtswürdigen Sohn hast du dir ausgeliehen. Ich brauche ihn aber. Darum gib ihn mir wieder!"

„Dein Sohn hat schwere Wunden, seine Augenhöhlen sind voller Eiter, und die Fesseln, die ihm jemand zerschnitten haben muss, sind schlecht verheilt. Zudem ist er halb verhungert. Ich will ihn pflegen, und du wirst mir dankbar sein."

„Nicht doch, geehrter uralter Herr!", grinst der Kuli, seine schmutzig gelben Zahnstummel zeigend. „Wer soll einem gepflegten und gemästeten Knaben ein Almosen geben? Ich brauche ihn so, wie er ist."

„Und wenn ich mich weigere, ihn herauszugeben?"

„Der edle, ältere Herr weiß wohl, dass es Richter gibt in Singanfu. Sie werden nicht dulden, dass ein Ausländer dem Vater sein Eigentum vorenthält."

„Pack dich fort, alter Schurke!", schreit Schall zornig, fasst den Halbtrunkenen am Arm und wirft ihn vor die Tür."

„Wir werden ja sehen!", droht der Zerlumpte. „Wir werden ja sehen."

„Der Mann hat recht!“, nickt Semedo betrübt. „Du kannst ihm den Jungen nicht verweigern.“

„Er bleibt hier, und damit basta!“ Schall beginnt den Jungen, unbekümmert um dessen Sträuben, zu waschen, kratzt den Schmutz von den armseligen Gliedern, verbindet seine Wunden und kleidet ihn in ein-sauberes Gewand, das man ihm für seine Armen gegeben hat. Während er damit noch beschäftigt ist, pocht es abermals heftig ans Tor.

„Es geht los!“, meint der Portugiese müde.

„Ich werde den Alten ein zweites Mal hinausschmeißen!“ Furchtlos öffnet der Deutsche die Tür, prallt aber zurück, als ein Dutzend zerlumpter Gestalten mit Knüppeln und Stangen ins Haus dringt.

„Gib mir meinen Sohn heraus!“, schreit der Vater, der sich inzwischen noch mehr Mut angetrunken hat.

„Es ist nicht erlaubt, einem Vater seinen einzigen Sohn zu nehmen!“, bestätigen einige aus dem verlotterten Haufen. „Du wirst die Güte haben, unserem Freund sein Eigentum zurückzugeben.“

Vergebens sucht Schall seinen Schützling zu verteidigen. Der Vater erwischt ihn, reißt ihm die Kleider vom Leib, desgleichen die Salbenbinden. Dann wirft er ihm den schmutzigen Lumpenkittel, den er in einem Winkel findet, wieder über den Kopf, und von seinen Gefährten geschützt, zerrt er ihn aus dem Haus. Pater Schall muss machtlos Zusehen, wie man den Unglücklichen fortschleppt.

„Wir bitten um gütige Nachsicht für die Störung“, grinst ein alter Bettler. „Aber ihr versteht, Recht ist Recht und muss Recht bleiben! Wir wünschen den geehrten Herren eine vortreffliche Gesundheit.“

Die ganze Gesellschaft macht einen tiefen Kotau und verlässt, rückwärts gehend, das Haus.

„Da hast du's, Bruder!", seufzt Semedo. „Ich sagte dir ja, dass es so kommen würde."

Schall sinkt auf seinen Bambusstuhl nieder und birgt das Gesicht in seine Hände. Am nächsten Tag findet er den blinden Knaben wieder mit seiner Bettelschale an der gleichen Straßenecke.

Einen Trost haben die Missionare. Viele Leute kommen zum Gottesdienst in die kleine Kapelle. Aber es sind stets nur Männer, die sich einfinden.

„Wo bleiben denn die Frauen?", fragt Schall den Mitbruder.

„Man sieht, dass du noch nicht lange in China bist", antwortet der Portugiese. „Sonst würdest du wissen, dass auch der veraltetste und erbärmlichste Kuli es niemals dulden wird, mit Frauen in einem Bethaus zusammen zu sein. Selbst gute Christen würden das ablehnen."

Oft schon hat es den ritterlichen Deutschen empört, wenn er sah, wie eine chinesische Frau, wie ein Maultier bepackt, auf ihren verkrüppelten Füßen keuchend hinter ihrem Mann hertrippelt. Niemals geht sie an seiner Seite. Im Traum denkt der Mann nicht daran, seiner Frau einen Teil der schweren Last abzunehmen. So schleppt sie sich hinter ihm her, die vom qualmenden Grasfeuer des Lehmherdes entzündeten Augen demütig zu Boden geschlagen.

„China kann nur gesunden, wenn es die christliche Lehre von der Gleichheit aller Menschen vor Gott annimmt und in der Gottesmutter auch die Frauen und Mädchen ehren lernt", sagt Schall dem Mitbruder.

„Das ist ein weiter, weiter Weg, weit wie alle Wege in Asien", seufzt Pater Semedo.

Im Übrigen bleibt die Tätigkeit der Missionare nicht ohne großen Widerstand. Zwar gibt es in Singanfu selbst unter den heidnischen Beamten solche, die ihre Liebestätigkeit und mehr noch ihre wissenschaftliche Arbeit schätzen, aber es gibt auch Neider genug, die alles daransetzen, ihr Wirken zu vereiteln. So bleiben die ersten Jahre ohne wesentliche Erfolge. Selbst Pater Semedo, der doch in einem langen Missionsleben an Enttäuschungen gewöhnt ist, leidet schwer unter den Rückschlägen und Misserfolgen.

„Ich habe mit Pater Vagnoni viele Monate in den Gefängnissen von Nanking verbracht", erklärt er eines Tages. „Wir lagen an einen Holzpflock gekettet, in lichtlosen Kerkern auf Matten, die von Ungeziefer wimmelten. Die Ratten fraßen das armselige Brot, wenn wir es nicht schnell genug verschlangen. Aber glaub mir, Bruder, das hier ist schlimmer als die Verliese in Nanking! Unsere Hände sind gefesselt wie damals. Spott und Hohn ernten wir von denen, die wir lieben. In Nanking hat man uns die Fußsohlen zerschlagen. Hier aber zerschlägt man unser Herz."

„Wir dürfen uns nicht entmutigen lassen!", antwortet der Deutsche verbissen.

Wenige Wochen später wird der Portugiese abberufen. Nun trägt Pater Schall die schwere Last allein.

Sein guter und stets getreuer Helfer ist Dr. Philipp Wang. Doch erscheint auch er eines Tages im Missionshaus, um Abschied zu nehmen.

„Die Trauerjahre sind um, ich kehre nach Peking in mein Amt zurück", sagt er bekümmert. „Es schmerzt mich sehr, dir nicht weiter von Nutzen sein zu können, ehrwürdiger Vater."

„Bei deiner Gelehrsamkeit wirst du wohl bald zu hohen Ehren auf steigen", antwortet Schall. „So beglückwünsche ich dich, obwohl mein Herz um dich trauert."

„Ich werde mich wohl nicht lange eines friedlichen Staatsamtes erfreuen", zuckt Wang die Schultern. „Das Reich durchlebt gefährliche Zeiten. Die Mandschu haben die große Mauer schon an drei Stellen überstiegen. Für die nächsten Jahre wird der Kriegsdienst mein Los sein."

„Die Mandschu sind ein kleines, unbedeutendes Volk. Was vermögen sie gegen das riesige Reich der Mitte?"

„Du kennst China noch nicht!", seufzt Philipp. „Was nützt uns ein gewaltiges Heer, wenn die Generäle durch Geld zu kaufen sind? Ganze Armeen sind zu den Mandschu übergelaufen, weil ihre Führer vom Feind bestochen wurden."

„Aber die Soldaten? Folgen sie denn ohne weiteres den Verrätern, um gegen das eigene Volk zu kämpfen?"

„Ach, Freund, sie erhalten doch oft monatelang keinen Sold. Die Hofbeamten stecken das Geld, das für die Truppen bestimmt ist, einfach in die eigenen Taschen. Ist es da ein Wunder, wenn die Soldaten überlaufen? Die Mandschu bezahlen sie eben besser."

„Und der Kaiser?"

„Chung-cheng weiß von allem nichts. Es ist Chinas Unglück, dass er von der Umwelt völlig getrennt lebt und auf das Geschmeiß der Eunuchen angewiesen ist, die nur für ihren Beutel sorgen, mag auch das Reich darüber zugrunde gehn. Es gibt keine Hilfe für China."

„Man hat doch aus Macao Hilfstruppen gesandt."

„Ja, ein kleines Kommando mit zehn Geschützen kam unter dem Befehl von Don Teixeira in Peking an. Eine weit stärkere Truppe sollte folgen. Aber das alte Spiel wiederholte sich. Die Kaufleute von Kanton, die um ihr Handelsmonopol fürchteten, bestachen die Hofschranzen und sorgten dafür, dass die Portugiesen wieder zurückgeschickt wurden. Nein, es gibt keine Hilfe. Chinas Freiheit wird zugrunde gehn."

Zum Abschied überreicht Dr. Philipp dem Priester noch ein hohes Geldgeschenk, und da sogar einige heidnische Beamte, die den Priester schätzen, größere Summen zur Verfügung stellen, kann Schall endlich seinen Lieblingswunsch verwirklichen und eine Kirche in Singanfu bauen.

Die Kapelle wird für die Frauen bestimmt, während die Männer das neue Gotteshaus besuchen. Den Altar der Kapelle schmückt Schall mit dem Bild der heiligen Jungfrau und ihrem göttlichen Kind, und es ergreift den Priester immer wieder, wenn er sieht, mit welch rührender Liebe die Chinesinnen zu dem Bild der Mutter aufschauen, die ihren Sohn in den Armen hält.

„Es ist für einen Chinesen ungewöhnlich, das Bild einer Frau in einem Gotteshaus zu sehen", sagt eines Tages der Vizekönig von Shensi, der die Kapelle besucht. Der hohe Mandarin kennt Schall noch von Peking her und ist ihm wohl gewogen.

„Es gibt ein Bildzeichen in der chinesischen Schrift", antwortet der Jesuit. „Es ist das Zeichen der Frau mit dem des Kindes. Deine Hoheit weiß, was es bedeutet."

„Es bedeutet Güte."

„So wirst du verstehen, erlauchter Herr, warum die armen Frauen von Singanfu so gern ihre Zuflucht zu diesem Bilde nehmen, und wie viel Trost es ihnen zu geben vermag."

„Ihr Fremden seid oft schwer zu verstehen", antwortet der

Vizekönig. „Aber du hast recht, die Mutter mit dem Kind ist Güte und Liebe."

Der hohe Beamte erweist sich in der Folge als großherziger Gönner der Mission. Er lässt dem Pater ein „pei-pien" überreichen, eine Ehrentafel aus Marmor, auf der in goldenen Schriftzeichen das Lob der europäischen Gelehrsamkeit und Wissenschaft verkündet wird. Es ist die höchste Auszeichnung, die er zu vergeben hat.

Auch die neue Kirche stattet Schall mit großer Pracht aus. Viele Neugierige kommen, das vergoldete Kruzifix zu bewundern, und mit geduldiger Freundlichkeit erklärt der Priester immer wieder seine Bedeutung. Die Schmähungen finden ein Ende. Die Volksstimmung schlägt um, und Pater Schall hat die Freude, bald fünfzig Bekehrte taufen zu können. Ein außerordentlicher Erfolg für die junge Station.

Indessen wird Pater Schall auf Betreiben von Dr. Paul Hsü Kuang-ki, der zum Kultusminister ernannt worden ist, bald darauf von seinen Oberen nach Peking zurückgerufen, um sich in der Hauptstadt vor allem wieder astronomischen Arbeiten widmen zu können. Der Vizekönig stellt ihm eine Sänfte zur Verfügung, in der er mit einem Ehrengeleit die weite Reise macht.

Der Kohlenträger

Böse Sterne stehen über dem Reich der Mitte. Nach Jahren der Dürre, die während vieler Monate nicht einen Tropfen Regen brachten, trat der Gelbe Fluss, „Chinas größter Kummer", wieder einmal über seine Ufer. Das Geld, das für Deichbauten verwandt werden sollte, fand seinen Weg in die unergründlichen Taschen der Eunuchen und Mandarine. So überschwemmte der Strom das weite Land mit Geröll und Steinen, verwandelte ganze Provinzen in fruchtlose Öde.

In Scharen verlassen die Bauern ihre verwüsteten Äcker, wandern in die Städte, als Bettler ihr Brot zu suchen. China leidet Hunger wie kaum zuvor in seiner Geschichte.

Überall treibt die Not zur Empörung. Räuberbanden durchziehen das Land, wo sie hausen, bleibt nichts als Not und Trümmer.

Zudem werden die Mandschu immer verwegener. Die Provinz Liaotung ist verloren. Nun stehen die wilden Reiter schon in Hopei, brandschatzen das Land bis dicht vor die Tore von Peking.

Das Leben in der Hauptstadt ist ein einziges Grauen. Pater Schall begegnet auf seinen Wegen ganzen Bettlerschwärmen, die sich durch Verstümmelungen und Wunden das Erbarmen der Wohlhabenden sichern wollen. Aus hohlen Totengesichtern starrt die Verzweiflung. Seuchen folgen dem Hunger. Menschen brechen auf offener Straße zusammen, sterben irgendwo in einem schmutzigen Winkel. Man achtet kaum mehr darauf.

Die Jesuiten tun, was sie können, das Unglück zu lindern. Aber was vermögen sie gegen das unendliche Elend?

Chung-cheng, der Kaiser, sitzt hinter der rosafarbenen Mauer der Verbotenen Stadt. In seinen Palast dringt nicht der leiseste Hauch vom Schrei der Hungrigen und dem Röcheln der Sterbenden. Seine Eunuchen verheimlichen ihm die allgemeine Not.

Pater Schall war vom Kultusministerium mit der Neuordnung des Kalenders beauftragt, der sich in heilloser Verwirrung befindet. Aber immer wieder verlieren sich seine Gedanken von den Papieren und Instrumenten.

„Was hilft es, China einen neuen Kalender zu geben, wenn die Menschen vor Hunger sterben!", sagt er oft zu seinem Mitbruder Jakob Rho, der wie er als Astronom nach Peking berufen worden ist.

„Du hast recht, Freund!", nickt der Italiener. „Die Not schreit zum Himmel, aber Chung-cheng, ‚der Sohn des Himmels', hat kein Ohr für sie."

Schmerzliche Nachrichten kommen aus der deutschen Heimat. Zwölf Jahre währt nun schon der entsetzliche Krieg. Die Schweden verwüsten das blühende Land am Rhein. Degenhard berichtet von schrecklichen Dingen. Längst schon ruht die Mutter unter dem Rasen. Reinhard, der geliebte Bruder, strahlend von Kraft und Gesundheit, fällt im Kampf um Deutz. Noch ist kein Ende des grausamen Würgens abzusehen.

Zuweilen kommt auch ein Brief des Freundes Philipp Wang. Was er berichtet, mehrt nur die Niederschlagenheit.

Der junge Gelehrte dient mit Michael Chang und anderen christlichen Offizieren im Heer des edlen Vizekönigs von Liaotung, der seine Provinz verloren hat und nun von Tengchowfu aus an der Nordküste von Shantung gegen die Mandschu kämpft. Unter seinem Befehl säubert der Portugiese Teixeira die Gegend am Golf von Tschili vom Feind, kehrt dann wieder nach Tengchowfu zurück. Bei diesem Feldzug hat sich auch Philipp Wang den ersten Kriegsruhm erworben. Dennoch spricht tiefe Hoffnungslosigkeit aus den Briefen des Freundes.

„Seit Monaten sind die Truppen ohne Sold", schreibt er, „weil die Spitzbuben bei Hof das Geld unterschlagen. Alle Beschwerden des Vizekönigs sind vergebens, da er es verschmäht, die Hände der Eunuchen mit weißem und gelbem Korn zu füllen. Die Missstimmung ist unbeschreiblich. Überall kommt es zu offenen Revolten. Wer weiß, wie lange die Dämme der Zucht noch halten? Eines Tages brechen sie völlig zusammen, und die Flut reißt uns alle ins Verderben."

Es kommt, wie es kommen muss. Zu Beginn des Jahres 1633 empören sich dreitausend chinesische Soldaten, die von den Portugiesen im Gebrauch der Feuerwaffen ausgebildet worden sind. Teixeira, der mit seinen Landsleuten Tengchowfu gegen sie verteidigt, fällt im Kampf. Die Rebellen plündern die Stadt, erschlagen alle Ausländer, die ihnen in den Weg kommen. Einige Missionare retten ihr Leben, indem sie von der Stadtmauer in den tiefen Schnee springen.

„Führe uns nach Peking!", begehren die Rebellen von ihrem Befehlshaber, dem Vizekönig. „Mit unseren Musketen und Kanonen bezwingen wir die Stadt und rufen dich zum Kaiser aus. Auf unseren Schultern tragen wir dich auf den Drachenthron."

Die Mandschu senden Boten mit der Aufforderung, sich ihnen anzuschließen. Sie versprechen Reichtum und Ehre.

Auch den Offizieren stellen sie hohe Kommandos in Aussicht.

„Ihr habt gehört, was man uns bietet", wendet sich der Vizekönig an die beiden Offiziere Wang und Chang, in deren Gegenwart er die Mandschu empfängt. „Der Feind bietet uns Gold und Ehren."

„Wir sind keine Verräter!", erwidern die Offiziere, ohne zu zögern.

„Die Aufständischen bieten mir den Kaiserthron. Ihr könntet meinen Glanz teilen."

„Wir machen keine gemeinsame Sache mit Rebellen!", lautet die entschiedene Antwort.

„Das habe ich nicht anders von euch erwartet!", nickt der Vizekönig Ignatius Shung, wie seine Offiziere ein Christ. Kühl entlässt er die Parlamentäre, die sich staunend entfernen.

Schweigen herrscht im Raum. Shung tritt ans Fenster und öffnet es. In dicken Flocken fällt der Schnee. Von den Straßen her hört man den Lärm betrunkener Soldaten. Langsam wendet der Vizekönig sich den Offizieren wieder zu.

„Ich werde die Rebellen wieder zum Gehorsam zwingen", sagt er mit leiser Stimme. „Und dann ...!" Ein Achselzucken lässt den Satz unvollendet.

„Was wird dann geschehen?", fragt Michael Chang.

„Das wisst ihr so gut wie ich. Man wird mich für die Revolte verantwortlich machen und mir den Kopf vor die Füße legen. Meine Offiziere werden vielleicht das gleiche Los mit mir teilen. Ihr wisst, ich habe Feinde am Hof."

„Wir stehen an deiner Seite, Herr!", antwortet Philipp Wang entschlossen.

Nachdem in den Köpfen der Rebellen der erste Rausch verflogen ist, gelingt es Shung, die Zucht wiederherzustellen. Wenige Wochen später aber trifft ein Schreiben von Peking ein, dass Ignatius Shung sowie die Offiziere Chang und Wang zur Rechenschaft an den Hof beruft.

„Das habe ich erwartet!“, sagt der Vizekönig gleichmütig, als er das Schreiben gelesen hat.

Schnell verbreitet sich die Kunde unter den Soldaten. Noch einmal flammt die Empörung auf, aber auch jetzt vermag Shung ihrer Herr zu werden.

Von den beiden Offizieren begleitet, macht er sich auf den Weg nach Peking. Dort nimmt man sie gefangen und sperrt sie ins Gefängnis. Bis in den Sommer hinein hält man sie in schwerer Kerkerhaft. Dann verurteilt der Kaiser, der von den wirklichen Vorgängen wenig weiß, sie zum Tode.

Durch eine Nachricht, die Dr. Wang aus dem Gefängnis schmuggelt, erfährt Peter Schall vom Los der Gefangenen. Unverzüglich eilt er zu. Dr. Paul Hsü Kuang-ki, dem Kultusminister.

„Wir müssen etwas tun“, ruft er in höchster Erregung. „Das Urteil darf nicht vollstreckt werden. Der Kaiser kann doch seine treuesten Diener nicht hinrichten lassen.“

„Ich habe Freunde bei Hof“, antwortet der Minister. „Wie du weißt, gibt es auch unter den Eunuchen einige Christen. Doch habe ich wenig Hoffnung. Immerhin will ich sehen! Ich will sehen !“

Nach wenigen Tagen teilt er dem Priester mit, der Kaiser habe Philipp Wang seiner Jugend wegen begnadigt. Er würde mit Degradierung und Ausweisung aus der Hauptstadt davonkommen.

„Die anderen freilich“, setzte er niedergeschlagen hinzu, „werden sterben.“

„So soll man wenigstens einen Priester zu ihnen kommen lassen!“, fordert der Jesuit.

„Gerade das wird der Hof verhindern. Siehst du nicht, dass man unsere Religion treffen will, indem man vom ganzen Offizierskorps in Tengchowfu ausgerechnet drei Christen verurteilt hat?“

„Ich werde dennoch den Gefangenen den Trost der Kirche bringen!“, erwidert Schall entschlossen.

Am nächsten Tag lümmeln sich einige Wachtsoldaten in der sommerlichen Hitze vor dem Gefängnistor, als ein Mann mit rußgeschwärztem Gesicht, einen Sack Kohlen auf dem Rücken schleppend, mit unterwürfigen Worten um Einlass bittet.

„Ich bringe Kohlen für den Gefängniskommandanten“, erklärt er, tief unter seiner Last gebückt.

„Kohlen bei der Hitze?“, grinsen die Soldaten.

„Der kluge Mann sorgt beizeiten vor. Im Winter sind die Kohlen teurer. Der Kommandant ist ein kluger Mann.“

„So geh und heize ihm ein!“

Als sich das Tor hinter ihm geschlossen hat, wirft der Kuli seine Last irgendwo in einen Winkel, steigt eilig die enge, schmutzige Treppe hinab, zündet mit Stahl und Stein eine Kerze an, die er aus seiner Tasche kramt, und leuchtet damit in die durch Gittertore verschlossenen Zellen.

Bei dem Lichtschein heben erbarmungswürdige Gestalten sich aus dem stinkenden, faulen Stroh, aber schon ist die Kerze weitergehuscht, bis sie schließlich am Ende des unterirdischen Ganges verweilt.

„He, ihr!“, ruft der Kuli den drei Gefangenen zu, die sich erstaunt nähern. „Erkennst du mich, Philipp Wang?“, flüstert er dem jungen Offizier zu, indem er sich mit dem Ärmel den Ruß aus dem Gesicht wischt.

„Pater Tang Jo-wang!", stammelt der Offizier überrascht. „Wie kommst du hierher? Und in dem Aufzug?"

„Es ist jetzt keine Zeit zu Erklärungen!", drängt der Jesuit und löscht die Kerze aus. „Ich bringe dir gute Nachricht, Philipp. Du bist begnadigt und wirst bald frei sein. Deinen Gefährten aber will ich den Trost Gottes für die weite Reise bringen."

„Auch ich bin der Sakramente bedürftig", erwidert Wang. „Vielleicht widerruft der Kaiser heute schon wieder meine Begnadigung. Lass mich dir meine Sünden bekennen!"

Nacheinander treten die Gefangenen ans Gitter, beichten dem Priester und empfangen aus seiner Hand die Wegzehr.

„Lebt wohl!", flüstert Schall ihnen zu, als alles vollendet ist. „Dich, Philipp sehe ich bald wieder, euch andere, so Gott will, dereinst im Himmel!"

„Du hast dein Leben gewagt, ehrwürdiger Vater!", sagt der Vizekönig ergriffen, aber der Priester lächelt nur:

„Mich fängt man nicht, Hoheit!" Dann schleicht er sich auf dem gleichen Weg zurück, auf dem er gekommen ist.

„Hast du deine Kohlen abgeliefert?", fragt einer der Posten am Tor.

„Ja, hoher Herr!", nickt der Kuli. „Ich bin froh, die schwere Last los zu sein."

In der Frühe des nächsten Tages öffnet sich das Gefängnistor für Dr. Philipp zur Freiheit. Doch muss er zuvor mit ansehen, wie seine Gefährten enthauptet werden. Er bringt Schall die Kunde von ihrem Tod.

„Sie starben gefasst und mit großer Zuversicht!", sagte er, aufs tiefste ergriffen.

„Sie sind Märtyrer; denn um ihres Bekenntnisses willen mussten sie sterben."

Dr. Wang muss die Hauptstadt am gleichen Tage noch verlassen. Der letzte Gruß, den er dem Priester bietet, ist ein Abschied fürs Leben.

Hinter der rosafarbenen Mauer

Noch einmal zieht der Krieg in weitere Ferne. Pater Schall vergräbt sich wieder in seine astronomischen Berechnungen. Die Arbeit, die er mit Pater Rho leistet, ist ungeheuer schwer, muss er doch die chinesische Zeitordnung berücksichtigen, wonach das Jahr in zwölf Monate von 29 bis 30 Tagen eingestellt wird, so dass ein Jahr 345 bis 350 Tage zählt. Alle paar Jahre wird dann ein so genannter Schaltmonat eingeschoben, um die Zeitrechnung mit dem Sonnenumlauf in Übereinstimmung zu bringen.

Im Kalender müssen alle Vorgänge am Himmel, die Bewegungen der Sonne, des Mondes und der Planeten, die Konjunktion der Gestirne, der Eintritt der Sonne in die achtundzwanzig Sternbilder des chinesischen Tierkreises, Sonnen- und Mondfinsternisse, genau eingetragen werden, eine Arbeit, die schwierige und exakte Berechnung erfordert.

Ein fehlerfreier Kalender ist für das Reich der Mitte darum so wichtig, weil das bürgerliche Leben und die Tätigkeit der Regierung nach uralten Gesetzen mit dem Naturgeschehen in Einklang stehen und die warnenden Zeichen des Himmels genau beobachtet werden müssen.

Der Himmel regelt die Zeit, und der Kaiser, als der Vertreter des Himmels auf Erden, hat keine höhere Pflicht, als die Zeitrechnung in Ordnung zu halten, eine Aufgabe, die seit Jahrtausenden dem Astronomischen Amt übertragen ist. Des Kaisers ständiger Kummer ist es, dass der von dieser Behörde herausgebrachte Kalender meist sehr wenig mit dem Naturgeschehen in Einklang steht, und oft müssen die verantwortlichen Beamten ihr Versehen mit dem Kopf bezahlen.

Im Lauf der Jahrhunderte sank die einst so berühmte chinesische Sternkunde von ihrer Höhe. Erst als gegen Ende des dreizehnten Jahrhunderts arabische Gelehrte im Astronomischen Amt arbeiten, bessert sich die Sache ein wenig, aber immer noch ist der Kalender höchst mangelhaft. Aus diesem Grund ist dem Kaiser die Arbeit der europäischen Astronomen höchst erwünscht.

Der Jesuit Matteo Ricci hat Vortreffliches geleistet und stand seiner Kenntnisse wegen beim Hof in höchstem Ansehen. Pater Terrenz, der mit Schall nach China kam, setzte dessen Werk trefflich fort und gründete neben der Ordensniederlassung eine astronomische Akademie für chinesische Schüler. Mit europäischen Gelehrten stand er in dauernder Verbindung und wechselte Briefe mit Galilei und Kepler.

Nach dessen frühem Tod übertrugen die Oberen seine Arbeit auf Wunsch des Kultusministers Hsü, der auch das Astronomische Amt leitet, den Patres Schall und Rho, die sich der ungeheuren Mühe unterzogen, den Kalender neu zu ordnen.

Gerade im Astronomischen Amt aber fehlt es nicht an Männern, die mit schelen Augen auf die Tätigkeit der Jesuiten sehen, da sie um ihre eigene Stellung bangen. Der schlimmste unter ihnen ist der alte Wei-kung.

Als Dr. Paul Hsü Kuang-ki stirbt, hofft er, selbst zum Direktor des Amtes ernannt zu werden. Der Kaiser aber lässt seine Kenntnisse prüfen, und da eine von ihm angestellte Berechnung einer Mondfinsternis völlig misslingt, fällt er glänzend durch. Statt seiner wird der Christ Dr. Petrus Li mit der Leitung des Amtes beauftragt.

Wei-kung aber setzt seinen Kampf gegen die Europäer und den neuen Direktor kräftig fort.

„Wer ist schon dieser Dr. Li?", grollt der Alte. „War er nicht einst mein Schüler? Seit wann weiß der Schüler mehr als sein Meister?"

Dr. Petrus Li ist gutmütig genug, für seinen ehemaligen Lehrer ein gutes Wort einzulegen. Der Kaiser gestattet ihm, eine eigene astronomische Schule zu eröffnen, mit der jedoch Wei-kung die jesuitische Akademie, wo er nur kann, heftig befehdet.

Indessen weiß Schall sich die Gunst des Hofes zu erwerben. Er lässt dem Kaiser als Geschenk ein Fernrohr überreichen, in gelbe Seide gewickelt und mit vergoldetem Gestell und Zubehör versehen. Zwei Eunuchen unterrichtet er im Gebrauch des Mechanismus, so dass sie das Instrument dem „Sohn des Himmels" vorführen können. Ein prächtiger Himmelsglobus, kleine Sonnenuhren aus Elfenbein, ein Astrolabium und andere wertvolle Geräte folgen als neue kostbare Gaben.

Der junge Kaiser besichtigt die Geschenke mit höchstem Interesse und erlaubt den Jesuiten sogar, die Instrumente selbst aufzustellen. So geschieht es, dass die Patres Schall und Rho die erhabene Stätte betreten, die sonst nur den Hofbeamten, Palastdamen und den höchsten Würdenträgern des Reiches offensteht.

Mit tiefem Kotau empfängt ein Eunuch in prunkvollem Seidengewand die Gelehrten, schüttelt sich nach Chinesensitte selbst die Hände und geleitet sie, sich immer wieder verbeugend, durch das Tor der rosafarbenen Mauer in die Verbotene

Stadt. Von Hof zu Hof führt der Weg, an prächtigen Palästen vorüber, deren geschwungene Dächer mit gelben Ziegeln gedeckt und mit phantastischen Drachen- und Phönixgestalten geschmückt sind. Bereitwillig erklärt er Namen und Bestimmung der einzelnen Bauwerke.

„Das ist die ‚Halle des freudigen Herzens', dies das ‚Haus der friedlichen Seele', hier die ‚Einsamkeit am Wasser', der Betrachtung himmlischer Dinge gewidmet, dort der ‚Pavillon heiterer Gastgedanken', zur Rechten der ‚Saal des friedlichen Ruhmes', zur Linken der ‚Turm des entfernten Segels'."

Die Patres sind schier geblendet von den in der gelben Kaiserfarbe im Sonnenglanz hell leuchtenden Mauern und Dächer. Wie ein Märchentraum aus Marmor, Gold und Erz dünkt sie die zauberhafte Pracht. Das Rauschen der Brunnen, der Duft der Blumen in den gepflegten Beeten, das ferne Klingen silbertönender Saiteninstrumente vollenden die Harmonie.

„Und in den Straßen von Peking sterben die Menschen vor Hunger!", flüstert Schall seinem Mitbruder zu.

Von einer Anhöhe ragt unter dem goldenen Himmel die blaue Kuppel des Himmelstempels, in dem der Kaiser betet und zu bestimmten Zeiten dem Unsichtbaren opfert.

Endlich langen die Priester mit ihrem Führer bei einem besonders kostbaren, mit vergoldeten Ziegeln bedeckten Bauwerk an.

„Wir betreten jetzt die Audienzhalle, den ‚Saal des großen Lichtes'", erklärt der Eunuch, seine Stimme zu leisem Geflüster dämpfend. An der Schwelle empfängt sie ein höherer Beamter mit ausgesuchter Höflichkeit und geleitet sie in den strahlenden Raum. Über bunte Marmorfliesen schreiten sie an schwarz lackierten, mit goldenen Ornamenten gezierten Säulen vorüber. Die Wände bekleiden Seidentapeten, die mit bunten Vögeln, leuchtenden Chrysanthemen, märchenhaften Landschaften in glühenden Farben bemalt sind. Kostbare blauweiße und rote Porzellanvasen, Bronzegefäße, Schränkchen und Truhen mit Lackmalereien und Einlagen aus Elfenbein, Perlmutter, Malachit und Lapislazuli schmücken die Halle. Aus goldenen Schalen steigt betäubender Weihrauch.

Der Eunuch geleitet seine Gäste in jenen Raum, in dem die übersandten Geschenke aufgestellt sind. Auf einen Gongschlag hin eilen einige Diener herzu, denen er aufträgt, den Fremden bei der Anordnung der Geräte behilflich zu sein.

Vor seinen Instrumenten vergisst Pater Schall die Umgebung, in der er sich befindet, und als einer der Diener ungeschickt mit den empfindlichen Apparaten hantiert, schilt er mit lauter Stimme: „Gib doch Acht, du Tölpel!"

Der Obereunuch steht wie versteinert. Dann deutet er mit allen Zeichen des Entsetzens auf einen Vorhang und flüstert dem Zürnenden mit bebender Stimme zu: „Nicht so laut, geehrter Herr! Hinter dem Teppich dort steht der Kaiser."

Als die Patres ihr Werk vollendet haben, werden sie in einen Raum geführt, wo eine Tafel mit ausgesuchten Leckerbissen für sie bereit steht.

„Der Sohn des Himmels, unser erhabener Herr und Kaiser", sagt ein anderer Eunuch, der sie hier empfängt, „erweist den sehr alten Herren die große Ehre, sie an seinen Tisch zu laden."

„Wir sind einer solchen Auszeichnung ganz und gar unwürdig", erwidert Schall, der seinen Verstoß gegen die Etikette durch besondere Höflichkeit wieder gutmachen will.

Der Beamte aber nötigt sie auf einen mit seidenen Kissen

belegten Diwan und wartet ihnen selbst heim Mahl auf.

Zögernd greifen die Jesuiten nach den Essstäbchen und widmen sich den zahllosen fremdartigen Gerichten, die in Schalen aus feinstem Porzellan oder lackiertem Holz vor ihnen stehen. Sie würden keine Ahnung haben, was sie essen, wenn der Eunuch ihnen die Bezeichnung der Speisen nicht bei jedem Schüsselchen, das er ihnen zuschob, genannt hätte.

Da gibt es Schalentierchen in gelber Soße, gallertartige Stückchen von Schwalbennestern, Haifischflossen, gefülltes Huhn, uralte Eier, Silbermoos, Meergurke, Reis mit allerlei Früchten, dazu Reiswein, in kleinen Porzellanschalen kredenzt.

Es wäre unhöflich, auch nur eines der Gerichte zurückzuweisen. So sind die Patres froh, als ihnen nach vollendetem Mahl ein Diener ein dampfendes feuchtes Handtuch reicht, mit dem sie Gesicht und Hände abwischen.

Der Eunuch geleitet sie auf dem gleichen Weg wieder aus der Verbotenen Stadt.

„Auch ich bin ein Christ, ehrwürdige Väter", flüstert er ihnen beim Abschied zu. „Pater Terrenz hat mich getauft."

„Wie ist dein Name?", fragt Schall überrascht.

„Pan ist mein geringer Name. Mein Taufname ist Achilles."

„Darfst du den Hof verlassen?"

„Ja, ich darf!", nickt der Eunuch. „Nur die Palastdamen sind für immer von der Außenwelt getrennt."

„Komm zu mir, ich möchte mit dir reden!", fordert der Priester ihn auf.

„Es wird mir eine hohe Ehre sein."

Als das Tor sich hinter den Gästen schließt, wendet Schall sich an seinen Gefährten: „Mein Magen wird mich noch lange an die Auszeichnung erinnern, die wir genossen haben. Doch glaube ich, unser Besuch war eine kleine Magenverstimmung wert."

„Du weißt eben nicht, was gut schmeckt!", lächelt der Italiener „Ihr deutschen Barbaren seid nur an grobe Kost gewöhnt."

„Hast du eine Ahnung, wie gut ein deutscher Erbsbrei mit Schweineohren schmeckt!", seufzt der Kölner.

„Lass gut sein!", gesteht Jakob Rho. „Auch mein Magen scheint nicht wenig Lust zu haben, sich umzudrehen."

Achilles Pan hält sein Versprechen und klopft am Abend des folgenden Tages beim Jesuitenkolleg an. Durch ihn erfahren die Patres alles Wissenswerte von den Vorgängen am kaiserlichen Hof.

„Glaubt mir, geehrte, viel ältere Herren", sagte der Eunuch, „es gibt viele im Palast, die euer Kommen und die Ehre, die man euch erwies, mit schelen Augen sehen. Sie werden es dem Kaiser niemals verzeihen, dass er euch an seine Tafel lud. Überhaupt hat unser erhabener Herrscher viele erbitterte Feinde unter den zehntausend Verschnittenen, die in der Verbotenen Stadt wohnen, und seine Getreuen fürchten oft für sein Leben. Chung-cheng könnte eines Tages das gleiche Geschick widerfahren wie seinem Vater, der von seinen eigenen Dienern vergiftet wurde."

Durch Achilles Pan werden auch andere Hofbeamte bei den Jesuiten eingeführt, von denen einige schon getauft sind, andere ehrlichen Herzens nach der Wahrheit suchen. Der ausgezeichnetste unter ihnen ist der Eunuch Wang, der sich einer hohen Stellung bei Hof erfreut und selbst beim Kaiser Zutritt hat. Ein Jahr später tauft ihn Schall auf den Namen Josef, und in der Folge erweist er sich als treuester Helfer der Missionare bei Hof.

Durch ihn lernen auch viele der Palastdamen den christlichen Glauben kennen, und aus seiner Hand empfangen sie das Wasser der Wiedergeburt. So bildet sich nach und nach inmitten der Verbotenen Stadt eine kleine Gemeinde treuer Christen. Die bekehrten Eunuchen nehmen am Gottesdienst in der Jesuitenkapelle teil, während die Frauen auf die Sakramente verzichten müssen, da sie die Palaststadt ja nicht verlassen dürfen und kein Priester Zugang zu ihnen hat.

Es gibt noch jemanden in Peking, den die Ehrung der europäischen Gelehrten sehr verdrießt. Der alte Wei-kung wird krank vor Ärger. Mit allen Mitteln versucht er, den Jesuiten bei Hof zu schaden, und viele bereitwillige Helfer findet er in der Verbotenen Stadt, aber der Kaiser lässt sich nicht beirren. Er weiß nur zu gut, wie wertvoll die Tätigkeit der Fremden ist. Endlich stimmen die astronomischen Kalender. Man kann sich unbedingt auf sie verlassen.

Im Januar 1638 beobachtet der „Sohn des Himmels" mittels des ihm von Schall geschenkten Fernrohrs eine Sonnen- und Mondfinsternis, die genau mit den Berechnungen der Jesuiten übereinstimmen, und äußert sich, wie Josef Wang den Patres freudig mitteilt, mit Worten höchsten Lobes über ihre Arbeit.

Für Pater Rho ist das die letzte Anerkennung. Wenige Monate später erliegt er einer tückischen Krankheit. Die ganze Arbeit ruht nun auf den Schultern des Deutschen, der seinen Freund aus wehem Herzen betrauert.

Das kaiserliche Lob bricht Wei-kung das Herz. Der Alte schließt die Augen für immer, nicht ohne freilich zuvor einem anderen Literaten die Fortsetzung seiner Schule und seines Kampfes anzuvertrauen.

Der neue Mann hätte zwar allen Grund, den Jesuiten dankbar zu sein. Sein eigener Sohn hat zwei Jahre an ihrer Akademie studiert, aber, wie dem Vater, schien auch ihm die Tugend der Dankbarkeit unbekannt zu sein. Bei seinem Abgang stahl er ein paar wertvolle Instrumente und machte sich mit seinem Raub aus der Stadt. Unterwegs jedoch überfielen ihn Banditen, die ihn halbtot schlugen und all seiner Habe beraubten. Wenig später erlag er seinen Verletzungen.

Der Vater hat bei seinen astronomischen Arbeiten noch weniger Glück als sein Vorgänger. Auf dem Feld der Wissenschaft kann er die Europäer nicht schlagen. So greift er zu anderen Mitteln.

Er überreicht bei Hof eine Klageschrift, in der er die Jesuiten der größten Verbrechen beschuldigt. Es heißt darin, sie verdammen Kungfu-tse und die großen Kaiser der Vorzeit zur Hölle. Chung-cheng lässt die religiösen Schriften der Missionare prüfen, findet aber keine Spur von einer Bestätigung der schweren Vorwürfe. In seinem Grimm lässt er den Verleumder samt seiner Sippe aus der Stadt weisen und seine Schule schließen.

Einem anderen Astronomen, der den Kampf nunmehr aufnimmt, ergeht es noch übler. Wegen unbegründeter Verdächtigungen, die er bei Hof vorbringt, verurteilt der Kaiser ihn zu einer schweren Strafe. Er soll vierzehn Tage den Kang, einen hölzernen Schandkragen, am Hals tragen. Der alte Ko, Beisitzer im Astronomischen Amt, weilt gerade bei Tisch, als ihm die Nachricht überbracht wird. Vor Schrecken bleibt ihm das einzige Hühnerknöchlein, das in seiner Reisschüssel ist, im Hals stecken, und er erstickt.

Der Kaiser aber lässt den geschmähten Jesuiten die höchste Ehrung widerfahren, die er zu vergeben hat.

Am Dreikönigstag des Jahres 1639 erscheint vor dem Kolleg eine feierliche Abordnung des Hofes. Vier Herolde reiten mit schmetternden Fanfaren voran. Dann folgt im roten Galagewand auf kaiserlichem Ross ein hoher Mandarin, mit glänzendem Geleit zu Pferd und zu Fuß. Alle Beamte des Astronomischen Amtes nehmen auf Befehl des Kaisers an dem festlichen Aufzug teil.

Aus allen Gassen und Straßen strömen die Neugierigen herzu. Halb Peking ist auf den Beinen. Mit tiefem Kotau überreicht der Mandarin den Patres ein „pei-pien", eine marmorne Ehrentafel, auf der mit goldenen Zeichen die Worte stehen:

„Ich, der Kaiser, lobe und schütze die Lehre des Himmels." Das kann man auf die astronomische Tätigkeit der Patres beziehen, aber ebenso gut auch auf die himmlische Lehre christlicher Offenbarung, die sie verkünden.

Unter einem Ehrenbogen wird die hohe Auszeichnung vor dem Kolleg befestigt, und alle werfen sich auf die Erde nieder, die Tafel des Kaisers zu ehren.

Im folgenden Jahr wird Pater Schall abermals an den Hof geladen. Chung-cheng entdeckt bei einer Besichtigung seiner Schatzkammer ein Cembalo, das Matteo Ricci einst einem seiner Vorgänger geschenkt hat. Lange betrachtet er es sinnend, dann sagt er: „Ich möchte einmal die Musik des Westens hören. Tang Jowang soll herkommen und mir etwas vorspielen."

„Jetzt bringe ich die christliche Religion mit Sang und Klang in den Palast!", ruft Pater Schall bei dieser Nachricht. Als man ihm das Instrument zeigt, schüttelt er freilich den Kopf.

„Damit kann kein Mensch musizieren", erklärt er. „Das Cembalo muss erst einmal gestimmt werden, auch sind einige Saiten zerrissen."

Mit Hilfe eines Laienbruders zieht Schall neue silberne Saiten auf. Als das Werk vollendet ist, lässt er das Instrument in den Palast zurückschaffen, und eines Tages gibt er dem Kaiser, der, hinter einem Vorhang verborgen, lauscht, ein Konzert. Zum ersten Mal erklingt im Palast des chinesischen Kaisers der ambrosianische Lobgesang: *Te deum laudamus**! Eine ganze Stunde lang hört Chung-cheng mit einigen seiner Palastdamen aufmerksam zu. Dann lässt er dem Musikanten Dank und Anerkennung aussprechen.

Schalls Pläne greifen nun nach dem höchsten Ziel. Welch ein unschätzbarer Erfolg wäre es für die Mission, könnte er den Kaiser zum Christentum bekehren! Aber noch gibt es keinen Weg zu einer persönlichen Begegnung. Die jahrtausendealte Etikette verbietet es, dass der Kaiser ihm, dem Fremden, sein Antlitz zeigt. So sucht Schall denn nach anderen Wegen.

Im Kolleg steht noch ein kostbares Prunkstück, das der Bayernherzog Maximilian I. dem Pater Nikolaus Trigault vor dessen Abfahrt nach China mitgab, eine aus Ebenholz kunstvoll geschnitzte Lade, die in sechs Stockwerke eingeteilt ist und mit in gelber Seide ausgeschlagenen Fächern, deren jedes ein goldener Schlüssel öffnet, die feinste, meist aus Silber gefertigten Dinge enthält: Musikdosen, wohlriechende Essenzen, Lämpchen, Uhren, geometrische und chirurgische Instrumente, feinste Gewebe, ein in Silberdeckel gebundenes Buch mit hundertfünfzig Pergamentblättem und fünfundvierzig prächtigen Bildern. Es ist eine Lebensbeschreibung Jesu. Die Krönung des Ganzen aber ist eine aus buntem Wachs zierlich geformte Dar-

* Großer Gott, wir loben dich!

stellung der Anbetung des göttlichen Kindes durch die Dreikönige aus dem Morgenland.

Gern würde Schall dem Kaiser all diese Dinge selbst überreichen, doch bleibt die Erfüllung dieses Wunsches unmöglich.

Der Eindruck, den das Geschenk auf Chung-cheng macht, ist überwältigend. Eine christliche Palastdame erläutert dem Kaiser die Bedeutung der dargestellten Szenen. Vor allem das Dreikönigsbild fesselt ihn über alle Maßen. Immer wieder muss die Hofdame jede Einzelheit erklären, und so versunken ist der Kaiser in die Betrachtung der frommen Kostbarkeit, dass er unwillig abwinkt, als man ihn zur Tafel ruft.

Er lässt die erste Kaiserin und seine beiden Nebenfrauen kommen, gebietet ihnen, das Bild mit tiefem Kotau zu ehren.

„Wahrlich!“, ruft er, auf das Kind in der Krippe deutend, in höchster Begeisterung aus. „Dieser hier ist größer als alle unsere Heiligen.“

Auch von der übrigen Umgebung verlangt er die gleiche Huldigung.

Voller Freude teilt Josef Wang dem Jesuiten die seltsamen Geschehnisse mit.

„Glaubst du, der Kaiser könnte den Weg zum wahren Glauben finden?“, fragt Pater Schall den Eunuch.

„Das wird sehr schwer sein“, erwidert Wang zögernd. „Er müsste sich nach dem Gebot Gottes mit einer Gemahlin begnügen. Ich weiß nicht, ob er die Kraft zu solcher Entsagung findet.“

„Betet für den Kaiser!“, mahnt der Priester ernst. „Ich glaube, er könnte den Trost der heiligen Religion brauchen. Chung-cheng wird vielleicht sehr bald einen schweren Weg gehen müssen.“

„Das glaube ich auch, ehrwürdiger Vater!“, nickt der Hofbeamte bedrückt.

Das Ende der Ming

Ein Name geht um im Land.

Flüchtlinge nennen ihn mit bebenden Lippen. Die Frauen am Brunnen, die Reisbauern an ihren Wasserrädern raunen ihn sich zu. Mütter schrecken mit ihm ihre Kinder. In Schenken und Herbergen erzählt grausend von ihm landfahrendes Volk.

Li Tse-cheng heißt der Mann, der das ganze Reich erschreckt, der große Rebell, der, gefürchteter als die Heere der Mandschu, mit seinen wilden Horden durchs Land zieht. Die Provinzen Schensi und Honan hat er erobert, ihre Städte ausgeplündert, ihre Dörfer verbrannt, jeden Widerstand erbarmungslos niedergetreten.

„Die Gefahr ist groß", vertraut der Kriegsminister Pater Schall, den er zu einer Besprechung in sein Haus gebeten hat, mit sorgenvoller Miene an. „Es wird nicht mehr lange dauern, bis Li vor den Toren Pekings steht. Und dann ...!"

„Der Kaiser hat Soldaten genug, sich eines Räuberhauptmanns zu erwehren", meint der Jesuit kopfschüttelnd.

„Gewiss, der Kaiser verfügt über gewaltige Truppen. Aber was nützt das beste Heer, wenn es von schlechten oder gar verräterischen Generälen geführt wird? Du hast von der Katastrophe von Kaifeng gehört? Der Befehlshaber wollte mit einem Schlag die Armee des Rebellen vernichten. So ließ er die Dämme des Gelben Flusses öffnen, um den Feind zu ertränken. Li Tse-cheng entkam mit seinen schnellen Reitern, aber die unglücklichen Bewohner von Kaifeng ertranken jämmerlich in den schmutzigen Fluten. Mehr als eine Million Menschen fand in ihnen den Tod."

„Solange der Kaiser solchen Dummköpfen den Schutz seines Landes anvertraut, ist allerdings keine Hilfe", grollt der Priester empört.

„Was kann man tun, Tang Jo-wang?", zuckt der Minister die Achsel. „Es fehlt an zuverlässigen und erfahrenen Heerführern, und es mangelt vor allem auch an Geschützen. Die Portugiesen weigern sich, uns fernerhin Kanonen zu schicken."

„Das ist wohl verständlich nach den trüben Erfahrungen, die sie gemacht haben."

„Aber was sollen wir tun?"

„Gießt doch selbst Kanonen!"

„Wir wissen nicht, wie man Kanonen macht."

„Nun, so schwer ist das nicht", lächelt der Jesuit. „Habe mich als Junge oft in den Kölner Werkstätten umgesehen." Dann hält er einen kurzen Vortrag über die Fertigung der Modelle, das Mischungsverhältnis der Metalllegierungen, die Technik des Gießverfahrens.

„Welches Material wäre also für die Herstellung von Geschützen vonnöten?", erkundigt sich der Minister.

„Erz, Blei, Kupfer und Zinn und für die Modelle Holz und Lehm. Ich sollte meinen, an alledem wäre in China kein Mangel. Es fehlt nur der erfahrene Mann, der die Arbeit anordnet und leitet."

„Den Mann haben wir gefunden!", lächelt der hohe Mandarin.

„Und wer ist es?", fragt der Pater arglos.

„Du bist es, Tang Jo-wang!"

„Ich?"

„Ich will ehrlich sein. Der Kaiser vermutete, dass solch ein gelehrter Mann wie du auch das Kanonenmachen versteht. Er beauftragte mich, deine Kenntnisse in vorsichtiger Weise zu erkunden, und da ich mich überzeugt habe, dass du gründlich unterrichtet bist, habe ich dir den Befehl des Kaisers mitzuteilen, der dich mit der Fertigung von Festungsgeschützen betraut."

„Ich bin Priester und Astronom, aber kein Rüstungsfabrikant!", wehrt Schall sich empört.

„Einem Befehl des Kaisers kann niemand sich widersetzen. Zudem wirst du einsehen, dass auch dein friedliches Werk durch die Rebellen aufs höchste bedroht ist. Du wirst also in den nächsten Tagen mit deiner neuen Arbeit beginnen."

Erregt kehrt der Priester ins Kolleg zurück. Es regnet in Strömen. Es ist jener Regen, gegen den es keinen Schutz gibt, der auch die festeste Kleidung durchdringt und den ganzen Körper mit einer klebrigen Feuchtigkeit überzieht. Aber der Pater achtet nicht darauf. Zu sehr beschäftigen ihn seine Gedanken.

Er, ein Priester, dessen Aufgabe es ist, Leben zu entzünden und zu behüten, soll Waffen herstellen, die hundertfach Tod und Verderben bringen? Lieber wird er Peking verlassen und sich im letzten Winkel des Reiches unter Kulis und Reisbauern verstecken!

Die Mitbrüder raten ihm, die Sache dem Vizeprovinzial Pater Furtado vorzulegen und sich seiner Entscheidung im Gehorsam zu unterwerfen.

Der Obere befiehlt ihm, sich dem Willen des Kaisers zu fügen, da es auch für einen Priester nicht ehrlos sei, das Land, das ihm neue Heimat geworden ist, gegen räuberische Überfälle, wenn nötig mit Waffengewalt, zu verteidigen. Zudem gelte es, das Werk der Mission zu retten.

So macht Schall sich seufzend an seine Arbeit.

Auf einem freien Platz innerhalb der Kaiserstadt wird eine große Halle gebaut, die als Werkstatt dienen soll. Der Pater lehrt die Eunuchen die Gießkunst. Aber die zumeist verkommene Gesellschaft ist eher hinderlich als nützlich. Wenn der Meister nicht zugegen ist, stehlen sie das Material zentnerweise. Auch scheint es dem Priester, als sabotiere man bewusst seine Arbeit. Immer klarer wird es, dass eine mächtige Partei bei Hof gegen den Kaiser intrigiert und offensichtlich sein Verderben plant. Nur auf die christlichen Hofbeamten kann Schall sich verlassen.

Dennoch gelangt er dank seiner unermüdlichen Zähigkeit ans Ziel. Eines Tages sind die ersten zwanzig Geschütze fertig und werden auf einem freien Feld vor der Stadt eingeschossen. Die fünfundvierzig Pfund schweren Kugeln treffen die aufgestellten Ziele.

Hocherfreut über den Erfolg, beauftragt der Kaiser den Pater, unverzüglich fünfhundert leichte Kanonen zu gießen, die von den Soldaten auf den Feldzügen mitgeführt und bei einem Rückzug auf den Schultern getragen werden können.

„Als wenn chinesische Soldaten auf der Flucht noch Kanonen mitschleppen werden!", lacht Schall bitter, als man ihm den Befehl des Kaisers mitteilt. Dennoch macht er sich an die Arbeit.

Während er damit noch beschäftigt ist, beauftragt ihn der Kaiser, sich um die Vervollkommnung der Festungsanlagen zu kümmern. Von Beamten des Kriegsministeriums begleitet, prüft der Pater die neuen Bollwerke, mit denen man die Stadtmauern verstärkt.

„Welcher Narr hat diese viereckigen Basteien anlegen lassen?“, brummt er, als er die Arbeiten inspiziert.

„Du hältst sie nicht für vortrefflich?“, fragt einer der verantwortlichen Baumeister gekränkt.

„Wenn ich der Feind wäre, würde ich von dieser Stelle aus die Stadt in drei Tagen einnehmen!“, erwidert der Priester grimmig. „Man muss die Bollwerke in Dreiecksform anlegen, dann hat man nach allen Seiten freies Schussfeld, und der Ansturm des Feindes zerbricht.“

„Aber nicht doch, geehrter Herr!“, wehrt sich der Baumeister, einer der Eunuchen der Kaiserstadt. „Du bist doch ein weiser und erfahrener Astronom und musst wissen, dass die Dreiecksform das Bollwerk unter den unheilvollen Einfluss des Planeten Mars bringen und eher den Untergang als die Verteidigung der Stadt begünstigen würde.“

„Der Mars wird euch nicht retten, wenn der Rebell seine Sturmleitern anlegt!“, antwortet der Jesuit, über so viel Unverstand empört.

Es ist hoffnungslos. Die Eunuchen sabotieren auch beim Festungsbau die Pläne seiner besseren Einsicht. Das Verhängnis nimmt seinen Lauf.

Zu Beginn des Jahres 1644 nähert sich Li Tse-cheng der Stadt. Die kaiserlichen Truppen, die vor Peking stehen, laufen zu ihm über. Nun kann man dem Kaiser die Gefahr nicht länger verheimlichen. Schall arbeitet einen genauen Verteidigungsplan aus und überreicht ihn bei Hof, aber die Beamten geben ihn nicht weiter.

In seiner Not überträgt Chung-cheng den Schutz Pekings

seinen Eunuchen, denen er immer noch vertraut. Ihnen unterstellt er die siebzigtausend Soldaten der Garnison. Völlig verstört, teilt der Christ Josef Wang dem Priester die ungeheuerliche Tatsache mit.

„Der Kaiser ist verblendet und mag es einfach nicht glauben, dass man bei Hof seinen Untergang will. Seine Getreuen rieten ihm, Peking zu verlassen und nach Süden zu fliehen, aber er weigert sich, da er keine Gefahr sehen will."

„Man soll mich doch endlich zu ihm lassen! Ich will mit ihm sprechen!", fordert Schall ergrimmt.

„Das ist unmöglich!", seufzt der Eunuch.

„So ist er verloren!", erwiderte der Priester tonlos. „Und die ganze Stadt mit ihm!"

Die folgenden Ereignisse übertreffen alle Befürchtungen. Das Hofgesindel unterschlägt nicht nur den Sold für die Truppen, sondern verdirbt auch die Lebensmittel. Jedermann in Peking weiß um den Verrat. Nur der Kaiser will nicht daran glauben.

Bald nach dem Osterfest erscheinen die Rebellen vor Peking und schlagen vor den Mauern der Südstadt ihre Zelte auf. Ihre Lagerfeuer flammen gespenstisch zum Nachthimmel auf.

In Peking denkt niemand an Schlaf. Das Grauen hält alle wach. Indessen stehen die Soldaten auf der gewaltigen Mauer und den Bollwerken bei den brennenden Kohlenbecken, bereit, ihre Kanonen abzufeuern. In allen Gassen besprechen geängstigte Menschen die Aussichten für Freund und Feind.

„Sie werden sich an unseren Mauern die Schädel einrennen!", meint ein Wasserverkäufer zuversichtlich. „Die Kugeln des Tang Jo-wang werden ihnen nicht übel um die Ohren fliegen."

„Sofern man die Donnerrohre abschießt!", zuckt ein Seidenhändler die Achsel.

„Warum sollte man denn nicht schießen? Wozu sind denn die Kanonen da, wenn nicht zum Schießen?"

„Sie werden schweigen, Alter! Du wirst sehen, kein Schuss wird losbrennen. Da ist keine Hilfe."

In der neugebauten Erlöserkirche haben sich die Christen um ihre Priester geschart und flehen zu Gott um Rettung. Die Frauen beten in der Kapelle Unserer Lieben Frau den Rosenkranz.

Chung-cheng, der Kaiser, hat sich in den Himmelstempel begeben. Dort steigt er die Marmorstufen zum Altar empor, kniet nieder und betet unter der blauen Kuppel bis zum Morgengrauen.

Als der erste fahle Schein durch die bunten Papierfenster fällt, stürzt wider alles Herkommen der Eunuch Josef Wang ins Heiligtum, beugt sein Knie vor dem Kaiser und ruft mit fliegendem Atem: „Flieh, erhabener Herr! Der Feind ist in der Stadt!"

„Welche Narretei erzählst du mir?", erwidert Chung-cheng unwillig. „Ich habe nicht einen einzigen Schuss gehört."

„Es ist auch kein Schuss gefallen, Herr!"

„Und meine Soldaten? Die Eunuchen?", stammelt der Herrscher erbleichend.

„Der Eunuch Tsao, der das Tor Chang-i-men in der Südstadt verteidigen sollte, hat es dem Rebellen ohne jeden Widerstand geöffnet."

„Tod dem Verräter!", knirscht der Kaiser. „Schnell, mein Pferd! Ich selbst will zu den Truppen reiten und das Gesindel aus der Stadt jagen."

In seinem gelben, mit dem Drachenbild geschmückten Gewand wirft sich der Kaiser auf sein Ross und sprengt, von Josef Wang und wenigen anderen Eunuchen begleitet, dem Tor neben der Jesuitensiedlung zu, um in die Südstadt zu gelangen. Aber die eigenen Soldaten stellen sich ihm in den Weg.

„Macht Platz, ihr Hunde!", schreit der Kaiser in jäher Wut.

„Es gibt keinen Kaiser als Li Tse-cheng!", schallt die höhnische Antwort.

Chung-cheng reißt sein Pferd herum, reitet mit seiner Begleitung einem anderen Tor zu. Die Menschen in den Gassen starren mit weit aufgerissenen Augen den Mann im gelben Drachengewand an, den sie niemals sahen und doch an seinem Kleid als den Sohn des Himmels erkennen. Aber niemand beugt sein Knie vor ihm. Ein Kaiser, der wie von allen Teufeln gejagt durch die Straßen reitet, hat sein Gesicht verloren. Er kann der Kaiser nicht mehr sein. Beim nächsten Tor lassen die Hofbeamten sogar auf den Kaiser schießen.

„Zurück zum Palast, Herr!", ruft Josef Wang ihm zu. „Hier ist kein Durchkommen mehr!"

Einer der Eunuchen auf der Mauer spannt seinen Bogen, zielt grinsend auf den Kaiser. Der treue Wang wirft sich dazwischen. Der Pfeil trifft ihn ins Herz. Entseelt sinkt er zu Boden. Die übrige Begleitung zerstiebt vor Schrecken nach allen Seiten hin. Mit knapper Not entkommt der Kaiser und reitet, verstört und um alle Hoffnung betrogen, zurück zum Palast.

Er findet eine unbeschreibliche Verwirrung. Die Eunuchen plündern die kostbaren Säle. Mit Axthieben zertrümmern sie die herrlichen Truhen und Schreine, nach Schätzen suchend. Niemand achtet auf Chung-cheng, der sich den Weg zu seinen Privatgemächern bahnt. Lachend setzen sie das Werk der Zerstörung fort. Nicht einmal die Tempel verschont ihre Habgier.

Irgendwo findet der Kaiser seine erste Gemahlin, die sich in einem entlegenen Kabinett mit ihren Kindern versteckt hat.

„Alles ist verloren!", schreit der Kaiser ihnen zu. „Die Verschnittenen haben mich verraten. Mir bleibt nur der Tod!" Seinen drei Söhnen befiehlt er, unscheinbare Kleidung anzulegen, den Palast unverzüglich zu verlassen und sich irgendwo in der Stadt zu verstecken. Die Frauen will er den Feinden nicht preisgeben.

„Der Tod ist besser als die Schande!", ruft er der Kaiserin zu, haut mit dem Schwert eine Vorhangschnur ab, die er seiner Gemahlin zuwirft.

„Du hast recht! Der Tod ist das bessere Los!"

Die Kaiserin umarmt ihre Kinder, verlässt, die Schnur in den Händen, das Kabinett. Chung-cheng reicht auch seiner Tochter eine Seidenschnur, aber das Mädchen wirft sie, vor Angst bebend, von sich. Sie mag nicht sterben. Da führt der Kaiser einen schnellen Schwertstreich gegen die Prinzessin, schlägt ihr jedoch, statt sie zu töten, die rechte Hand ab. Mit dem blutigen Stumpf flüchtet die Fünfzehnjährige schreiend aus dem Gemach. Chung-cheng stürzt abermals davon, reitet nach dem so genannten Kohlenhügel, einer Anhöhe in den Gärten der Verbotenen Stadt. Von hier aus kann er ganz Peking übersehen. Grausen packt ihn, als er die überall auflodernden Flammen sieht. Die ganze Südstadt scheint ein einziges, gewaltiges Feuer.

Da birgt er das Gesicht in die Falten seines gelben Mantels und weint. Wieder schreckt er auf. Es muss etwas geschehen, keine Zeit ist zu verlieren. Was aber soll er tun?

Sein Blick fällt auf ein paar Spielstäbchen, die auf dem Tisch des Gartenhauses liegen. Er nimmt sie auf, bricht drei verschieden lange Stücke ab. Sie sollen sein Orakel sein. Mit geschlossenen Augen will er nach ihnen greifen. Fasst er das längste Hölzchen, will er den Tod im Kampf suchen, ertastet er das mittlere, will er den Feind im Palast erwarten, gerät ihm das kürzeste in die Hand, will er sich selbst entleiben.

Der Kaiser erwischt das kürzeste Stäbchen. Da schlägt er sich mit dem Schwert eine Wunde in den linken Arm, taucht einen Schreibpinsel, den er einem Jadegefäß entnimmt, hinein, schreibt auf den Saum seines Kleides ein paar blutige Zeichen. Dann erhängt er sich mit dem Gürtel seines Gewandes an einem Balken des Pavillons.

Indessen dringt der Rebellenführer mit seinen wilden Reitern in die Nordstadt ein. Kein Widerstand versperrt ihm den Weg bei der rosafarbenen Mauer. Die plündernden Eunuchen fahren erschrocken auseinander, als er über die Marmorfliesen des Hauptpalastes reitet. Silberne Gefäße, goldene Urnen, kostbare Porzellanvasen klirren zu Boden.

„Feiges Gesindel!", schreit der Rebell sie an. „So dient ihr eurem Kaiser?" Er befiehlt, die Plünderer bis auf den letzten Mann niederzuhauen. Dann sucht er den Kaiser. Aber niemand kann ihm Auskunft geben.

Lange währt es, bis man Li zum Kohlenhügel führt, wo die Leiche des letzten Ming endlich aufgefunden wird. Auf dem Saum seines Gewandes liest der Rebell die blutigen Worte:

„Heil dem künftigen Kaiser mit Namen Li! Ich bitte dich inständig: Schone mein Volk und bediene dich nicht meiner Ratgeber!"

„Wahrlich, dieser Mann hätte ein besseres Ende verdient!", ruft der Rebell erschüttert aus.

Die Hölle von Peking

Blut und Feuer bezeichnen den Weg, den die wilden Horden durch die Straßen von Peking nehmen. Hunderte der unglücklichen Einwohner suchen freiwillig den Tod. Überall liegen Leichen in den brennenden Gassen. Die Rebellen plündern die Paläste der Reichen und die Hütten der Armen, ehe sie ihre Brandfackeln hineinwerfen. Mit grausamen Martern zwingen sie die Besitzenden, ihre verborgenen Schätze herauszugeben. Tausende tötet das Schwert. Vielen sticht man die Augen aus, man wirft sie in ihre lodernden Häuser.

Entmenschte Gesellen zerren Frauen und Mädchen an ihren Haaren mit sich, tun ihnen ohne Schonung Gewalt an. Schaurig hallte der Schrei der Verzweiflung durch die brennenden Nächte.

Auf Pater Schalls Zureden haben der Vizeprovinzial und der greise Langobardi die Stadt verlassen. Er selbst ist geblieben, das Kolleg zu schützen. Außer zwei alten Dienern sind alle geflohen. Christen und Heiden aus der Nachbarschaft stürzen aus ihren brennenden Häusern, suchen im Kolleg, das von den Flammen noch verschont blieb, Zuflucht.

Ein Mann taumelt über die Schwelle, dem ein Pfeil den Hals durchbohrt. Einem andern hat ein niederkrachender Balken den Arm zerschmettert. Geängstigte Frauen, die den Händen des Gesindels entkommen sind, flüchten mit zerfetzten Kleidern ins Ordenshaus. Adam Schall verbindet die Verwundeten, schickt die übrigen in die Kirche, die sich bald bis in den letzten Winkel füllt.

Aber schon brechen die ersten Banditen mit wildem Lärm ins Haus. Der Priester tritt ihnen furchtlos entgegen und ruft ihnen mit mächtiger Stimme zu: „Heda! Wer in ein fremdes Haus eindringt, ist kein Soldat, sondern ein Räuber. Wollt ihr dieses Andenken bei mir hinterlassen?"

Vor dem kühnen Blick des Mannes mit dem langen, ehrfurchtgebietenden Bart bricht der Mut der Rebellen zusammen. Sie verlassen das Haus, wie von einer überirdischen Macht gezwungen.

Rings brennen die Häuser. Siebenmal werfen die Banditen Feuerbrände aufs Dach, aber der Sturm, den die Flammen entfachen, treibt die lodernden Strohbündel davon. Eine in der Nähe stehende Pagode wird von ihnen entzündet und brennt bis auf den Grund aus.

Nach acht Tagen des Grauens, deren jeder einer Hölle glich, macht ein Befehl Lis dem Morden und Brennen ein Ende. Als aber Schall glaubt, ein wenig aufatmen zu können, erscheinen Soldaten in seinem Haus und erklären, sie hätten Befehl, ihn zu Li Tse-cheng, dem neuen Kaiser von China, zu führen. Bangen Herzens folgt der Priester der unheildrohenden Aufforderung.

Man bringt ihn in die verbotene Stadt, in welcher Li Tsecheng jetzt residiert. Was er sieht, erfüllt ihn mit tiefem Entsetzen. In den verwüsteten Räumen erblickt er etliche der höchsten Hofbeamten auf der Folter, weil die Rebellen glauben, sie wüssten um verborgene Schätze. Sie hängen, an ihren Daumen aufgeknüpft, über einem Kohlenfeuer, das ihre Füße versengt. Anderen zerrt man mit Winden und Stricken die Glieder auseinander, oder sie dienen Bogenschützen als lebendige Zielscheiben. So büßen sie den Verrat an ihrem Kaiser.

Überall starrt die Verzweiflung aus hohlen Augen, stöhnt Qual aus schmerzverzerrtem Mund. Halb betäubt von dem schweren Dunst des Blutes und dem ekligen Geruch verbrannten Fleisches, wankt Schall an den Unglücklichen vorüber. Vielleicht wartet das gleiche Los auf ihn.

Man führt ihn in den „Saal des großen Lichtes", wo Li Tsecheng, mit seinen Gesellen bei Musik und Wein sitzend, den Tänzen der Hofschauspielerinnen zusieht. Der einst so herrliche Raum ist halb zerstört. Die kostbaren Wandteppiche hängen zerfetzt. Vasen und köstliche Porzellanschalen liegen in Scherben am Boden. Zerschmettert sind die geschnitzten Schränkchen und Truhen. Aber den Rebellenführer scheint die Verwüstung nicht zu stören.

Aus stechenden, nachtschwarzen Augen mustert er den eintretenden Priester. Dann weist er mit herrischer Miene Tänzerinnen und Musikanten aus dem Saal. Etliche der Eunuchen, die sich durch ihre Angebereien die Gunst des neuen Machthabers erworben haben, schauen den Pater mit höhnischen Blicken an, hoffen sie doch, endlich den Untergang des verhassten Kaisergünstlings zu erleben.

„Du bist Tang Jo-wang?", fragt Li mit seltsam leiser Stimme.

„Ja, das ist mein Name!", nickt der Jesuit.

„Du hast für den Kaiser Kanonen gegossen, nicht wahr?"

„Ja, und ich bedaure, dass sie dir keinen besseren Empfang bereiteten."

„Deine Sprache ist kühn. Weißt du nicht, dass ich dir die Haut in Streifen vom Leibe peitschen lassen kann? Dein Leben steht in meiner Hand."

„Ich bin ein Christ und weiß, dass mein Leben in der Hand Gottes steht, ohne dessen Zulassung du mir nicht ein einziges Haar krümmen kannst."

Breiter wird das Grinsen der Eunuchen. Zweifellos will der Priester den Zorn des neuen Kaisers herausfordern, um durch einen schnellen Tod der Folter zu entgehen. Li Tse-cheng aber schweigt lange. Dann sagt er: „Du bist ein tapferer Mann, Tang Jo-wang. Ich habe tapfere Männer stets hochgeschätzt. Erweise mir die Ehre, für heute mein Gast zu sein!"

Die Gesichter der Verräter versteinern, als sie sehen, wie sich der Rebell erhebt, den Priester bei der Hand fasst und ihm einen Platz an seiner Seite anweist. Vor Ärger beißen sie sich in ihre Fingerknöchel. Li aber schickt sie alle aus dem Saal. Dann füllt er selbst eine Schale mit Wein und reicht sie dem Gast. Auch lässt er ihm ein Mahl vorsetzen und ladet ihn ein, seine Speise zu teilen. Schließlich entlässt er ihn mit allen Zeichen seiner Ehrerbietung.

Sorgenvolle Tage und Nächte folgen. Im Kolleg weilen noch viele Frauen, die hier Schutz gesucht haben, und immer wieder schreckt der Pater auf, wenn er Pferdegetrappel von der Straße her hört. Zu mehreren Malen noch dringen Banditen ins Haus, durchstöbern alle Räume, finden aber wie durch ein Wunder die Kapelle nicht, in der die Frauen weilen.

Schall bringt vor der Haustür eine Tafel an, auf der die Worte zu lesen sind: „Dieses Haus ist besetzt. Eintritt verboten!"

Seltsamerweise respektieren die Rebellen die Inschrift.

Indessen freut der Thronräuber sich nicht lange seiner Herrlichkeit. Im Feld steht noch eine starke, schlagkräftige kaiserliche Armee unter dem Kommando des tüchtigen Generals Wei San-kuei im Kampf gegen die Mandschu. Als der Feldherr erfährt, der Kaiser sei tot, Peking erobert und sein eigener Vater sei vor der Front von Lis Soldaten zu Tode gepeitscht worden, schließt er unverzüglich Frieden mit dem Erbfeind des Reiches und zieht, mit den Mandschu verbündet, gegen die Haupstadt. Die Truppen, die Li dem vereinten Heer entgegen sendet, werden vernichtend geschlagen. Li gibt die Hoffnung auf, Peking zu verteidigen, und flieht in die Provinz Shensi. Dreitausend Mann lässt er mit dem Auftrag zurück, die Paläste zu zerstören und die ganze Stadt zu verbrennen.

Wieder kommen Tage und Nächte des Grauens. Die herrlichen Bauten der Verbotenen Stadt fallen der Zerstörungswut als erste zum Opfer. Bis in seine Zelle hört Schall das Bersten und Krachen, als die Audienzhalle, der „Saal des großen Lichtes" zusammenbricht.

Dann lodern auch in den Straßen der Stadt neue Brände auf, aber auch diesmal weiß Schall sich des Feuers zu erwehren. Das Haus kommt mit geringem Schaden davon.

Nun aber plündert das Gassengesindel von Peking die Stadt. Wilde Schläge donnern eines Nachts gegen das Haustor. Mit Stemmeisen erzwingen die Verbrecher sich Eintritt. Da wallt in Schall das Blut seines alten Rittergeschlechtes auf. Mit einem breiten japanischen Schwert bewaffnet, tritt er den Eindringlingen entgegen und donnert sie mit der Frage an, was sie im Kolleg zu suchen hätten. Dem Pekinger Gesindel geht es nicht anders als den Soldaten Lis. Sie senken ihre Äxte und Eisenstangen: „Wir suchen nach den Räubern des Rebellen Li", versichern sie stammelnd.

„Hier gibt es außer euch keine Räuber!"

„So wollen wir nicht länger stören!", lallt der Anführer der Horde, die betreten von dannen zieht.

Von all den Menschen, die in der Kirche Zuflucht gesucht haben, geschieht niemandem ein Leid.

Wie Retter des Himmels begrüßt die Stadt die Mandschu, die acht Tage nach Beginn der neuen Greuel einziehen.

„Der Kaiser lebe zehntausend Jahre!", jubelt das Volk in den Straßen. „Zehntausend mal zehntausend Jahre lebe der Kaiser!"

Doch gibt es bald ein böses Erwachen. Die Mandschu befehlen, die ganze Nordstadt zu räumen. In der Südstadt sei Platz genug für alle. Jeder weiß, dass es dort kaum mehr ein unzerstörtes Haus gibt. Auch die Jesuiten trifft die Verordnung.

„Ich habe das Kolleg nicht gerettet, um es jetzt den neuen Herren abzutreten!", knirscht Pater Schall verbissen. In aller Eile verfasst er eine Bittschrift, begibt sich mit ihr nach dem Haus, in dem der mandschurische Staatsrat eine Sitzung abhält.

Hunderte umlagern auf ihren Knien den Vorplatz. Schall, der einen einfachen blauen Kittel trägt, gesellt sich zu ihnen. Da öffnen sich die Tore. Diener stürmen auf die Menge ein, jagen sie mit ihren langen Peitschen auseinander.

Da tritt ein mandschurischer Beamter namens Fan auf ihn zu, fragt ihn, den er trotz seines Kleides als Europäer erkennt, nach seinem Anliegen und führt ihn ins Haus. Dort liest er die Bittschrift, erkundigt sich interessiert nach den astronomischen Arbeiten der Jesuiten und händigt ihm schließlich eine Urkunde aus, die jedem verbietet, ihn in seinem Haus zu behelligen.

Als der Priester ins Kolleg heimkehrt, findet er es voll mandschurischer Soldaten, die sich anschicken, den Eintretenden hinauszuwerfen. Auf die Urkunde hin, die Schall vorweist, aber verlassen sie selbst in aller Eile die Niederlassung.

Am 19. Oktober zieht Shun-chih, der siebenjährige mandschurische Kaiser, in Peking ein. Die Regentschaft führt für die Zeit seiner Minderjährigkeit sein Oheim Dorgon.

Allmählich kehren Ruhe und Ordnung zurück. Äußerlich ändert sich wenig. Nur zwingt man die Männer, sich nach Art der Mandschu mit langem, auf den Schultern zugeknöpftem Obergewand zu kleiden, den Kopf vorne zu scheren und das übrige Haar zu einem Zopf zu flechten. Seufzend fügen sich auch Schall mit seinen Mitbrüdern der neuen Sitte.

„Wenn uns nichts Schlimmeres widerfährt, wollen wir zufrieden sein!", sagt der alte Pater Langobardi, der nach Peking zurückgekehrt ist. „Wir wollen versuchen, den Zopf in Ehren zu tragen."

Die Frauen behelligt man nicht in ihrer alten Tracht, auch dürfen sie sich, wie bisher, die Füße verkrüppeln lassen, obschon die Mandschurinnen eine solche Sitte nicht kennen.

Die Tätigkeit Schalls findet auch bei den neuen Machthabern hohes Lob. Im folgenden Jahr ernennt ihn der Regent sogar zum Direktor des Astronomischen Amtes. Freilich wehrt sich Schall gegen die ihm zugedachte Ehre, da er durch eine beamtete Stellung nicht vom Hof abhängig werden will. Doch fügt er sich, als Pater Furtado es ihm im Gehorsam befiehlt.

Durch das neue Amt wird Schall kaiserlicher Mandarin fünfter Klasse, muss seitdem das Seidengewand aus violetter Seide tragen, das seiner Würde entspricht, und einen weißen Knopf am hohen Rundhut.

Über alle Vorstellung groß ist das Elend in Peking. In den halb zerstörten Häusern der Südstadt wohnt die riesige Volksmenge zusammengepfercht. Schall greift es ans Herz, wenn er sieht, wie die armen Frauen zwischen den Trümmern ihrer ausgebrannten Wohnstätten umherirren, vielleicht noch ein tönernes Kesselchen, eine irdene Essschale oder sonst etwas von ihrer einstigen Habe zu finden.

Zwischen den Ruinen spielen verwahrloste Kinder, oder sie raufen sich mit den herumstreunenden Hunden um eine verschimmelte Brotrinde. Seuche und Hunger ziehen in die zerstörte Stadt, raffen Tausende dahin. Auf offener Straße brechen die Menschen zusammen, ihre Leichen bleiben tagelang ohne Bestattung. Die Luft ist verpestet vom Hauch der Verwesung.

Es gibt keine Hilfe gegen das allgemeine Elend.

„Und ich muss nach den Sternen ausschauen und darf mich nicht um meine hungernden Brüder kümmern!“, seufzt Peter Schall, bis in die Seele erschüttert.

„Gott gebe den neuen Herren ein Einsehen!“, nickt Pater Langobardi und flößt einem halbverhungerten Knaben, den er auf der Straße aufgelesen hat, in kleinen Schlucken ein Schälchen Tee ein.

Der weiße Tiger und der grüne Drache

Wohl wehen die mandschurischen Feldzeichen über den Türmen von Peking, aber noch ist das gewaltige Reich der Mitte nicht völlig unterworfen. Zwar findet der Rebellenführer Li Tse-cheng bald ein ruhmloses Ende. In der Provinz Hupei wird er auf der Flucht von Bauern erschlagen. Die Söhne des letzten Ming-Kaisers verlieren gleichfalls ihr Leben, aber andere Prinzen erheben Anspruch auf den Drachenthron und finden begeisterte Anhänger; denn noch gibt es eine starke Partei, die dem alten Herrscherhaus die Treue hält. Rebellen und Piraten verheeren das Land und lassen die Mandschu nicht zur Ruhe kommen.

Immer noch stöhnt das Reich unter dem Hufschlag der apokalyptischen Reiter*. China ist eine einzige große Wunde, die nicht heilen will.

Indessen übernimmt Pater Schall mit widerstrebenden Gefühlen die Leitung des Astronomischen Amtes. Seine Aufgabe ist überaus schwer, unterstehen ihm doch in seinem neuen Wirkungskreis nicht nur chinesische Beamte, sondern auch Mohammedaner und junge Mandschu, die sich in ihrem Stolz nur sehr zögernd seiner Leitung unterwerfen.

* Die Reiter verkörpern Pest, Krieg, Teuerung und Tod. Sie sind in der Offenbarung des hl. Johannes die Boten des Jüngsten Gerichts

Neid und Missgunst, Aufgeblasenheit, Dummheit und Stolz in seiner Umgebung sind Ursache ständigen Ärgers. Seine eigenen Beamten verleumden ihn bei den neuen Gewalthabern. Er muss sich vor dem mandschurischen Staatsrat rechtfertigen, steht während der ganzen Verhandlung unbedeckten Hauptes in der glühenden Sonne. Tagelang noch leidet er an furchtbaren Kopfschmerzen. Indessen wird seine Schuldlosigkeit offenbar. Seine Ankläger müssen ihn kniend um Verzeihung bitten.

Großmütig vergibt er seinen Verleumdern. Einer von ihnen, ein chinesischer Christ, erkrankt wenig später an der Pest. Ohne Zögern eilt Pater Schall zu ihm und bereitet ihn auf sein Ende vor.

Nun aber packt auch ihn die verheerende Seuche. Wochen hindurch liegt er in wilden Fieberdelirien, ringt mit dem Tode, treu gepflegt von seinem Diener Pan Tsin-hsiao. Stets, wenn der Kranke zu klarem Bewusstsein erwacht, schaut er in das Gesicht des wackeren Chinesen, der ihm ermutigend zulächelt.

Der ergebene Mann hat seine Schlafmatte neben dem Bett des Paters ausgebreitet, um ihm in jedem Augenblick nahe sein zu können. Sein Weib schenkt ihm während dieser Zeit seinen Sohn, aber trotz seines Vaterglücks verzichtet er darauf, seinen Erstgeborenen zu sehen. Er befürchtet eine Ansteckung für sein Kind und mag auch den guten Pater nicht allein lassen.

Erst als der Priester von seinem schweren Leiden genesen und jede Gefahr vorüber ist, geht er stolz in seine Wohnung und schließt seinen Sohn in die Arme.

Pater Schall dankt ihm die rührende Treue sein ganzes Leben lang.

Kaum wiederhergestellt, eilt er auf seinen Posten zurück. Trotz aller Anfeindungen sorgt er wie ein Vater für seine Untergebenen. Er erwirkt eine wesentliche Erhöhung ihrer kargen Gehälter, ausreichende Heizung der Räume, warme, mit Baumwolle gefütterte Kleider und Schafpelzmäntel für die eisigen Wintermonate. Nur für sich selbst erbittet der selbstlose Mann nie das Geringste.

Dabei bringt ihm die Tätigkeit im Astronomischen Amt auch anderen Verdruss. Eines Tages findet er den greisen Pater Langobardi dabei, wie er in dem neuen Kalender liest.

„Nun, gefällt er dir nicht?", fragt der Astronom, als er sieht, wie der Mitbruder zuweilen bedenklich den Kopf schüttelt.

„Oh, es ist alles vortrefflich!", antwortet der Sizilianer. „An den Berechnungen der Planetenbahnen, der Finsternisse, der Sternkonstellationen ist gewiss nichts auszusetzen. Nur ...!"

„Nur ...?"

„Ja, mein Freund", seufzt der Alte, „es steht so allerlei astrologisches Zeug darin, das doch bedenklich nach Aberglauben riecht."

Langobardi blättert in dem gelben Büchlein. „Da stehen Tage angegeben, an denen man das Haus fegen, ein Bett aufrichten, einen Brunnen graben, eine Wand abbrechen, einen Küchenherd reparieren, schneidern, spinnen, sich verloben, heiraten, beerdigen und sich rasieren soll. Steht das wirklich alles in den Sternen geschrieben?"

Pater Schall zögert mit der Antwort. Seufzend lässt er sich auf einen Bambusstuhl fallen, dann sagt er: „Es gibt in meinem Amt eine eigene Abteilung, die diese Dinge bearbeitet. Meine Aufgabe besteht lediglich darin, nachzuprüfen, ob diese Empfehlungen mit den uralten chinesischen Regeln übereinstimmen. Nur dafür bin ich verantwortlich."

„Nun gut, eine Empfehlung, wann man sich rasieren oder

ins Bad steigen soll, mag noch hingehen. Aber hier stehen noch andere Dinge, die doch nichts sind als abergläubische Wahrsagerei. Hier lese ich zum Beispiel: ‚Wenn sich ein plötzlicher Windstoß erhebt, werden die Barbaren in China einfallen.' Und hier: ‚Ein Erdbeben bedeutet, dass ein Vasall sich erhebt, oder dass eine Frau das Reich regieren wird.' Dazu kommen recht merkwürdige Deutungen der Sternkonstellationen, der Sonnenflecken, der Komete und Meteore. Das alles deckst du mit deinem Namen."

„Oh, ich glaube wirklich, dass Gott den Menschen durch die Gestirne seinen Willen kundtun kann. Du findest dafür viele Beispiele in der Heiligen Schrift, nicht zuletzt bei jenem Stern, der die Weisen aus dem Morgenland zur Krippe führte. Thomas von Aquin verwirft zwar den Glauben an eine selbstständige Macht der Gestirne, schreibt ihnen aber doch einen gewissen Einfluss auf das irdische Geschehen und das Menschenleben zu, weil sie von Gott in ihren Bahnen geführt werden." Pater Schall erhebt sich und holt ein Büchlein aus einem Regal. „Hier habe ich die Schrift eines angesehenen deutschen Theologen, die *Astrologia* des Jesuiten Adam Tanner."

„Und was schreibt der gelehrte Mann?"

„Er verwirft die Vorherbestimmung von Ereignissen und Handlungen, die dem freien Willen unterstehen. Vorherverkündigung von Zuständen, die nicht von der menschlichen Freiheit abhängen, wie die Witterung, die Fruchtbarkeit der Felder, bezeichnet er zwar als unsicher, nicht jedoch als abergläubisch oder unerlaubt.

Die Vorausbestimmung besonders geeigneter Zeiten für Aderlass, Säen, Pflügen und ähnliche Handlungen aus der Konstellation der Gestirne hält er für zulässig. Ich habe dies Büchlein wohl studiert, ehe ich den Kalender veröffentlichte."

„Na, schön, magst recht haben!", brummt der Alte. „Aber da finde ich allerlei von guten oder bösen Geistern, die die einzelnen Tage beherrschen, vom ‚weißen Tiger' und dem ‚grünen Drachen', die unter der Erde schlafen und nach deren Lage man den Platz für ein Grab oder ein neu zu bauendes Haus aussuchen soll. Klingt das nicht reichlich heidnisch, mein Freund?"

„Das alles ist nichts als die Personifizierung und die symbolische Bezeichnung von Erdkräften, unterirdischen Wasserläufen, geologischer Beschaffenheit und so weiter, die förderlich oder schädlich sein können. Dass es sich damit wirklich so verhält, hat auch die abendländische Wissenschaft inzwischen herausgefunden. Der Jesuit Athanasius Kircher hat jüngst darüber eine gelehrte Abhandlung geschrieben." Wieder greift der Astronom nach dem Bücherbrett und wirft ein dünnes Bändchen auf den Tisch.

„Du bist ein gelehrter Mann, und es ist schwer, mit dir zu diskutieren!" Der Greis legt den Kalender aus der Hand. „Trotzdem erscheinen mir die sogenannten Personifizierungen bedenklich, und ich kann dir nicht verheimlichen, dass einige unserer Mitbrüder deinen Kalender ganz offen ein heidnisches Machwerk nennen und seine Verwerfung durch den Orden, ja, sogar durch das römische Inquisitionsgericht fordern."

Adam Schall durchmisst das Zimmer mit erregten Schritten, dann wendet er sich dem Greis wieder zu.

„Glaubst du, das alles habe mir nicht selbst schon Kopfschmerzen genug gemacht? Ich habe manch schlaflose Nacht damit zugebracht. Auch deswegen wollte ich ja das Astronomische Amt nicht übernehmen. Achtmal habe ich den Regenten gebeten, die Ernennung zurückzuziehen, und erst, als mir der Vizeprovinzial befahl, mich nicht länger zu sträuben, habe ich mich gefügt. Wenn man nun meine Arbeit nicht gutheißt, mag man mir befehlen, mein Amt niederzulegen. Ich werde dann mit noch größerer Freude gehorchen. Andernfalls aber soll man mich in Ruhe lassen."

„Reg' dich nicht auf, Freund!", begütigt Langobardi den Mitbruder, der mit steigender Erbitterung gesprochen hat. „Ich kenne dich und weiß, dass du deinem Gewissen folgst. Ich wollte dich nur darauf vorbereiten, dass du in nächster Zeit vielleicht mit allerlei Schwierigkeiten, die aus unseren eigenen Reihen kommen, dich auseinandersetzen musst. Glaube mir, deine Kritiker meinen es gut, und ihre Absicht ist die beste. Zudem erkennen alle gerne an, dass du durch dein Amt und deinen Einfluss der Mission die besten Dienste getan hast und immer noch tust."

„Manchmal wollte ich, ich wäre ein paar tausend Li* von Peking entfernt und könnte mich in einem chinesischen Nest ganz der Seelsorge der armen Reis- und Hirsebauern widmen!", stöhnt Schall und geht aus dem Zimmer.

Die von Pater Langobardi angekündigten Auseinandersetzungen lassen nicht lange auf sich warten. Der Streit um den Kalender geht hin und her. Pater Furtado, der Ordensobere in China, stellt Pater Schall ein Gutachten zu, das von einigen Mitbrüdern verfasst ist und den Kalender verwirft, und fordert ihn auf, zu den Vorwürfen Stellung zu nehmen. Schließlich wird die ganze Angelegenheit den römischen Behörden zur Prüfung übersandt.

„Gut, Rom soll entscheiden!", ruft Schall aus, als man ihn

* chinesisches Längenmaß. Heute entspricht 1 Li 500 m

davon unterrichtet. „Mag die Sache ausgehen, wie sie will. Ich werde mich gern unterwerfen und meine Ruhe haben."

„Bist doch ein vernünftiger Kerl", lächelt Langobardi. „Es ist das Beste, was du tun kannst. Aber mache dich darauf gefasst, dass sich die Sache lange hinzieht. In Rom arbeitet man langsam, aber gründlich. Auch braucht ein Brief oft Jahre, ehe er ans Ziel kommt. Inzwischen schreibe deinen Kalender in Gottes Namen weiter, wie du es für recht hältst!"

Jahr für Jahr verkündet der Kalender gute und böse Zeiten, Regen und Sonnenschein, reichliche Ernte oder Misswuchs und Hungersnot, und das gelbe Büchlein erweist sich als trefflicher Prophet.

Inzwischen führen die Mandschu ihre Kämpfe wider ihre Feinde. Die Kronprätendenten aus dem Geschlechte der Ming unterliegen. Die Rebellen werden geschlagen. Nur die Piraten machen den neuen Herren große Sorgen.

Bald jedoch türmen sich neue bedrohliche Wolken am Himmel Chinas. Die Zeit rückt näher, da der minderjährige Shun-chih den Drachenthron besteigen soll, um selbst die Regierung des gewaltigen Reiches zu übernehmen. Sein Onkel Dorgon aber, der bis dahin die Geschäfte führte, ist ein ehrgeiziger Mann, der keineswegs gewillt scheint, seinem Neffen das Zepter zu überlassen.

Des Kaisers älteren Bruder, der gerade von einem siegreichen Feldzug gegen die Rebellen zurückkehrt, nimmt er gefangen und treibt ihn zum Selbstmord. Nun steht ihm nur noch Shun-chih im Weg. Schon legt Dorgon sich kaiserliche Gewänder an, nennt sich stolz „Vater des Kaisers und des Vaterlandes". Wie lange wird es noch dauern, bis er die Maske fallen lässt und den Kaisertitel für sich fordert?

Die Befürchtungen verstärken sich, als er im Jahre 1649 beginnt, eine neue Palaststadt zu errichten, die für den Hof und die Behörden bestimmt sein soll. Man spricht ganz offen davon, dass er beabsichtige, den jungen Kaiser dorthin als seinen Gefangenen zu verschleppen.

Eine Zeit schwerer Bedrängnis kommt für die Bewohner des himmlischen Reiches. Um die Mittel für sein gewaltiges Vorhaben zu beschaffen, erhöht der Regent Zölle und Steuern. Das ganze Land seufzt unter untragbaren Lasten. Wer nicht imstande ist, die geforderten Abgaben zu leisten, büßt dafür mit dem Verlust all seiner Habe, ja, oft sogar seines Lebens. Tausende von Arbeitern werden zum Frondienst gezwungen und gefesselt aus den Provinzen in die Hauptstadt geschleppt.

Eines Abends erscheint nach Sonnenuntergang der mandschurische Staatsrat Fan, der gleiche, der sich einst für die Niederlassung der Jesuiten eingesetzt hat und als besonders kaisertreu bekannt ist, bei Pater Schall zu einer vertraulichen Unterredung.

„Es ist die Sorge um unseren jungen Herrn, die mich zu dir führt, Tang Jo-wang", sagt er tief bekümmert. „Immer deutlicher wird es, was der Regent mit dem Bau der neuen Palaststadt beabsichtigt. Er selbst strebt nach dem Thron. Man muss einen Weg finden, ihn von seinem Vorhaben abzubringen. Es wird immer klarer, dass er das Gefängnis, wenn nicht gar das Grab für seinen Neffen bauen will. Gelingt sein Plan, wird er dem Reich nur neue schwere Erschütterungen und unabsehbares Unheil bringen."

„Mich bedrückt vor allem das Los der armen Fronknechte", antwortet Schall. „Aber warum wendest du dich mit deinen Sorgen an mich, den Priester, dessen Hände ohne jede Macht sind?"

„Du hast Macht, Tang Jo-wang, denn du bist der weiseste Mann in China, und Wissen ist Macht. Du wirst einen Weg finden, dem Regenten den Plan auszureden. Ich danke dir, dass du mich angehört hast."

Pater Schall lächelt schmerzlich, als Fan ihn verlassen hat. Die Vorstellung, dass er, ein armer Priester, den mächtigen Regenten umstimmen soll, erscheint ihm wahrhaft lächerlich. Dennoch denkt er die ganze Nacht, da der Schlaf seine Augen flieht, darüber nach, erwägt hundert Pläne und verwirft sie wieder. Immer sieht er die unglücklichen Menschen vor sich, die mit schweren Ketten durch die Straßen von Peking geschleppt wurden. Ihm ist, als höben sie ihre gefesselten Hände zu ihm empor und schrien: „Hilf uns, Priester! Du allein bist es, der helfen kann."

Als er endlich einschläft, folgen die erbarmungswürdigen Bilder in seine Träume.

Am anderen Morgen bittet er während des heiligen Opfers Gott inständig um Erleuchtung. Endlich fasst er einen Plan, der vielleicht Erfolg bringen könnte.

Im Astronomischen Amt lässt er den Leiter der dritten Hauptabteilung, die sich mit den geheimen Kräften im Inneren der Erde befasst, zu sich kommen und sagt: „Du kennst den Platz, an dem der Regent die neue Palaststadt zu errichten gedenkt. Es ist Aufgabe des Astronomischen Amtes, festzustellen, ob dieser Ort für ein solches Vorhaben geeignet ist. Ich bitte dich also, ein Gutachten darüber auszuarbeiten und mir unverzüglich vorzulegen."

„Es wird geschehen, geehrter Herr!"

Eine Woche später überreicht der Beamte dem Direktor ein Aktenbündel mit den geforderten Berechnungen.

„Wir haben festgestellt“, sagt er bedrückt, „dass der Platz für die neue Palaststadt überaus ungeeignet ist. Himmelsrichtungen und Wasserströmungen, die Lage des weißen Tigers und des grünen Drachens sind außerordentlich ungünstig und verheißen Unheil. Ich bedaure sehr, keinen besseren Bericht geben zu können und hoffe nur, der Regent möge mir und meinen Mitarbeitern das zweifellos unwillkommene Gutachten nicht in böser Weise entgelten.“

„Hab' keine Furcht! Ich nehme alles auf mich“, beruhigt ihn der Direktor. Am gleichen Tage noch bittet er den Regenten um eine Audienz.

Prinz Dorgon zieht die Augenbrauen gefährlich zusammen, als Pater Schall ihm den Bericht vorlegt. Mit zorniger Gebärde wirft er die Papiere auf den Boden.

„Wer ist für den Bericht verantwortlich?“, fragt er, sich mühsam beherrschend.

„Ich selbst, erhabener Herr!“, antwortet der Priester.

„Und du wagst es, mir mit einem solchen Geschreibsel unter die Augen zu kommen?“

„Ich habe nur meine Pflicht getan.“

„Seit wann ist es die Pflicht eines Untertans, seinem Regenten in den Weg zu treten?“, schnaubt Dorgon in wachsendem Zorn. „Eine solche Unverschämtheit könnte dich nur zu leicht deinen Kopf kosten. Verstehst du mich, Tang Jo-wang? Scher dich in dein Amt und lass unverzüglich ein Gutachten ausarbeiten, wie ich es brauche!“

„Ich kann meine Beamten nicht veranlassen, dich durch einen falschen Bericht zu betrügen“, entgegnet Schall furchtlos.

„Du redest dich um deinen Hals, Tang Jo-wang!“, schreit

der Regent. Wütend zerschmettert er eine kostbare Vase, die klirrend am Boden zerbricht. Endlich scheint er ein wenig gefasster, und in verändertem Ton fragt er den Astronomen: „Ist denn der ausgewählte Platz wirklich so unheilvoll, wie es der Bericht darstellt?"

„Meine Beamten haben alles gewissenhaft geprüft, und sie wären glücklich, dir ein günstigeres Gutachten geben zu können."

„Geh jetzt, ich will darüber nachdenken", beschließt der Regent die Audienz.

Die Drohung des Astronomen lässt den gefürchteten Mann nicht schlafen. Als er endlich doch einschlummert, schrecken ihn furchtbare Träume, aus denen er schweißtriefend erwacht.

„Was hältst du von der Sache?", fragt er den Staatsrat Fan.

„Sie scheint mir im höchsten Maße bedenklich", erwidert der kaisertreue Mann. „Man schlägt die Warnungen des Himmels nicht ungestraft in den Wind. Tang Jo-wang ist der weiseste Mann im ganzen Reich. Er hat schließlich nur seine Pflicht getan. Verbietet man ihm das, wird er zum Unheil für dich und das Land ganz schweigen, und niemand wird dir mehr sagen, was der Himmel von dir verlangt."

„Tang Jo-wang soll sofort zu mir kommen!", befiehlt Dorgon.

Als der Priester abermals vor ihm steht, sagt der Regent:

„Ich habe mir die Sache überlegt. Wenn die Gefahr wirklich so groß ist, will ich von meinem Plan abstehen. Die Stadt wird nicht gebaut. Die Arbeiter werden entlassen."

Es fällt dem Priester schwer, seine Freude zu verbergen und sein Gesicht zu bewahren. „Du tust gut, dem Himmel zu gehorchen, erhabener Herr, und bist weise genug, seine Warnungen zu verstehen“, sagt er sich verneigend. „Auch glaube ich, dass eine Tat auf dich wartet, die dir mehr Ruhm und Ehre einbringen wird.“

„Was soll ich tun?“

„Du weißt, dass die Provinz Shansi sich gegen die mandschurische Herrschaft empört hat und dass die Mongolen sich mit den Aufständischen verbündet haben.“

„Die Mongolen?“, zischt der Regent. „Die Mongolen sagst du? Der Befehlshaber der kaiserlichen Truppen ist zum Feind übergelaufen. Der Himmel möge den Verräter strafen! So weit sind wir also, dass man sich nicht einmal auf seine Generäle verlassen kann.“

„Es müsste eben ein zuverlässiger und tüchtiger Mann den Aufstand niederschlagen.“

„Wo ist dieser Mann?“

„Du bist es selbst, erhabener Herr! Nur du bist stark genug, das Feuer zu ersticken, das leicht auch auf andere Provinzen übergreifen kann. Es gibt viel Unzufriedenheit im Land. Seine Bewohner tragen schwer an den Lasten, die deine Beamten ihnen ohne jede Schonung auferlegen.“

„Wer nicht gehorcht, soll die Peitsche schmecken!“, fährt der Regent zornig auf.

„Die Peitsche ist ein schlechtes Erziehungsmittel für ein verzweifeltes Volk“, erwidert der Priester unerschrocken.

„Ich bedarf deiner Belehrung nicht“, grollt der Prinz. „Ich weiß selbst, wie man mit dem faulen Pack umzugehen hat, das seine Steuern nicht zahlen will. Aber vielleicht hast du recht. Ich muss wohl selbst gegen die Rebellen ziehen.“

Mit seinem Erfolg zufrieden, verlässt Schall den Palast. Indessen wird in Peking bald bekannt, dass der Regent auf Rat von Tang Jo-wang den Bau der Palaststadt eingestellt hat. Mit großem Jubel nimmt man von der unverhofften Wandlung der Dinge Kenntnis. So würde man doch der schweren Steuerlasten ledig werden.

Tränen der Freude stehen in Schalls Augen, als Hunderte von Arbeitern, die man in Fesseln zum Frondienst geschleppt hat, vor dem Kolleg erscheinen, um ihrem Retter zu danken. Vor dem Tor werfen sie sich auf die Knie nieder und berühren mit ihren Stirnen den Boden.

Am Abend des gleichen Tages erscheint der alte Staatsrat Fan abermals im Kolleg und sagt mit leuchtenden Augen: „Ich wusste ja, dass du das Unmögliche vollbringst. Der Regent hat sich entschlossen, selbst ein Heer gegen die Aufständischen zu führen. Fürs erste ist die Gefahr für unseren jungen Herrn überstanden!"

„Danken wir dem Himmel! Ihm allein gebührt die Ehre."

„Die Geomantik ist also doch zu etwas nütze!", sagt er später zu Pater Langobardi. „Der weiße Tiger und der grüne Drache haben Kaiser und Reich vor schwerem Unheil bewahrt."

„Sei nicht zu sicher!", gibt der Greis zu bedenken. „Du weißt nicht, was geschieht, wenn der Regent vom Feldzug heimkehrt."

„Deus providebit! - Gott wird sorgen!", erwidert Schall fromm.

Es gelingt dem Regenten, den Aufstand niederzuschlagen und die Mongolen wieder auf seine Seite zu ziehen. Als Sieger kehrt er heim, übermütiger denn je, entschlossen, seine Pläne nun erst recht zu verwirklichen. Der junge Kaiser fürchtet für sein Leben.

Aber der Himmel hat es anders bestimmt. Gegen Ende des Jahres 1650, als die Gefahr für den jungen Herrscher am höchsten scheint, findet der Regent bei einer Tigerjagd den Tod. Der kaiserliche Neffe lässt seine Leiche verbrennen und ihre Asche zur Strafe für den geplanten Hochverrat in alle Winde zerstreuen.

Ein Bruder des Verstorbenen erstrebt nunmehr die Herrschaft, findet aber wenig Anhang. Er wird in seinem eigenen Palast gefangen gehalten, zündet selbst sein Haus an, in dessen Flammen er den Tod sucht.

Shun-chih, der kaum dreizehnjährige Knabe, tritt am ersten Februar 1651 selbst die Regierung an. In der ersten Sitzung des Staatsrates bringt er vor seinen Magnaten und den Prinzen des Reiches die Rede auf die hochverräterischen Pläne seines Onkels Dorgon und gedenkt dabei des Priesters Tang Jo-wang, dessen Klugheit ihm Thron und Leben gerettet habe. Er befiehlt ihn zu sich, um ihm persönlich für seine Treue zu danken.

Zum ersten Mal steht Pater Schall dem Knaben gegenüber, in dessen Händen das Schicksal eines unermesslichen Reiches liegt. Als er nach orientalischer Sitte sein Knie vor ihm beugen will, springt Shun-chih auf, nimmt ihn beim Arm und führt ihn zu einem Kissen, auf dem der Priester nach mandschurischer Sitte mit untergeschlagenen Beinen Platz nimmt. Dann reicht er ihm in goldenem Pokal den aus Milch und Wein gemischten Ehrentrunk.

„Du bist also der weise Mann, von dem mir meine getreuen Räte so viel Rühmliches berichtet haben“, ruft der kaiserliche Knabe. „Ich will, dass du oft zu mir kommst, um mich zu belehren; denn es ist schwer, ein solch großes Reich zu regieren. Darum brauche ich gute Ratgeber. Willst du mein Lehrer sein, Tang Jo-wang?"

„Ich verdiene eine solch hohe Ehre nicht", erwidert der Pater höflich.

„Lass solch törichte Redensarten!", blitzt der Junge auf. „Sie sind überaus langweilig."

Mit großem Wohlgefallen schaut der Priester in das offene, kühne Knabengesicht. Die freie Steppe, in der Shun-chih aufgewachsen ist, hat dies Antlitz geprägt. Nun soll der Wildling ein paar hundert Millionen Menschen regieren. Wahrlich, da tun gute Ratgeber not.

„So will ich dich lehren, ein guter Herrscher zu sein, auf dass du ein glückliches Volk weise regierest für lange Zeit", erklärt der Pater.

Der Knabe wird rot vor Freude, klatscht begeistert in die Hände. „Ich nenne dich von heute an Ma-fa", sagt er beglückt. „Das heißt in der mandschurischen Sprache ‚ehrwürdiger Vater.' Jetzt habe ich keine Angst mehr vor dem Regieren; denn der weiseste Man von China ist mein Lehrer. Übrigens", fügt er nachdenklich hinzu, „du musst streng zu mir sein, Ma-fa, denn du wirst es nicht immer leicht haben. Aber was du mir auch sagen wirst, ich werde dir niemals zürnen. Das verspreche ich dir bei meinem kaiserlichen Wort."

Noch lange unterhält sich das ungleiche Paar. Als der Pater sich erhebt, sind ihm von der ungewohnten Sitzweise die Beine eingeschlafen. Sein Schüler fasst ihn beim Arm und hilft ihm auf die Füße.

Nachdenklich kehrt der Priester heim. Lehrer eines Kaisers zu sein, ist gewiss ein schweres Amt und bei dem jungen Wildling, in dessen schwarzen Augen es schon jetzt manchmal wetterleuchtet, trotz aller Zusicherungen gewiss nicht ungefährlich. Trotzdem gelobt sich Schall, dem Knaben ein treuer Führer zu sein und ihm, unbekümmert um sein eigenes Wohlergehen, die Pflichten eines guten Menschen und Fürsten vorzuhalten.

Der Dalai-Lama

Mitten in einer eisigen Winternacht weckt der Diener Pan Pater Schall aus dem Schlaf. „Boten vom Hof, ehrwürdiger Vater!“, meldet er aufgeregt. „Sie haben Auftrag, dich zum Kaiser zu bringen.“

„Zu dieser Stunde? Na gut, sag ihnen, dass ich komme!“, nickt der Priester, kleidet sich eilig an und besteigt die kostbare Sänfte, die draußen auf ihn wartet. Durchfroren langt er im Palast an, wo man ihn zu seinem Erstaunen in das Schlafgemach des Kaisers führt.

„Komm, setz dich zu mir ans Bett!“, ruft der Knabe ihm zu. „Lass den Kotau! Ich will ihn nicht von dir: Nimm die Decke dort aus Zobelfellen, Ma-fa! Du scheinst zu frieren.“

Zögernd tut Schall, wie ihm geheißen.

„Ich konnte nicht schlafen und will mich daher mit dir unterhalten!“, erklärt der Kaiser.

„Was willst du wissen, erhabener Herr?“

„Nenn' mich nicht erhabener Herr! Das geziemt sich nicht für einen Lehrer, seinem Schüler gegenüber. Sag Shun-chih zu mir!“

„Wie kommt es, dass du nicht schlafen kannst, Shun-chih?“

„Ach, ich weiß nicht!“, gähnt der Junge. „Ich bin den ganzen Tag geritten. Am Abend kam ein Besuch, der mich aufgeregt hat.“

„Du solltest das tolle Reiten lassen. Du könntest den Hals dabei brechen.“

„Jetzt redest du auch schon so. Heute Abend hat mir schon jemand gesagt, dass ich bald sterben müsse."

„Wer hat dir das gesagt?"

„Der Oberbonze von Peking. Er verlangt von mir den Bau einer neuen großen Pagode. Erfüllte ich seine Bitte nicht, würde ich bald sterben, sagt der Oberbonze."

„Was willst du tun?"

„Ich will die Pagode bauen; denn ich bin jung und will noch nicht sterben."

„Der Bonze hat dich betrogen", antwortet der Priester ärgerlich. „Lass dich von den Lamas* doch nicht erpressen. Es ist ein verächtliches, faules Pack, das von der Dummheit seiner Anhänger lebt. Mit ihrem törichten Zauberkram gaukeln sie den Leuten was vor und ziehen ihnen das Geld aus der Tasche. Es ziemt sich nicht für einen Kaiser, sich mit solch unnützem und ungebildetem Volk abzugeben."

„Du musst wissen, dass meine Mutter eine Mongolin ist. Sie ehrt die Lamas wie alle ihre Landsleute und redet mir zu, die Pagode zu bauen. Glaubst du wirklich nicht an die Drohung des Oberpriesters?"

„Nein, er betrügt dich!"

„Was sagen meine Sterne?"

„Sie verkünden dir eine lange, glückliche Regierung, wenn du Gott ehrst und seine Gebote hältst."

„Und wenn ich es nicht tue?"

„Dann verheißen sie Unheil für dich und das Reich."

„Ich weiß, dass ich Fehler habe!", erwidert der Knabe zögernd. „Genügt es, sie abzulegen, um das Übel zu vermeiden?"

„Ja, das genügt. Einem guten Menschen können auch die Sterne nicht schaden. Der Weise herrscht über die Sterne."

„Der Weise herrscht über die Sterne!“ spricht Shun-chih langsam nach. „Das ist ein gutes Wort. Ich will ein Weiser werden, Ma-fa, und du wirst mich dazu machen.“

„So musst du die Gebote halten.“

„Sag sie mir!“

Pater Schall spricht sie feierlich vor. Der Knabe hört aufmerksam zu. Beim sechsten unterbricht er den Priester. „Warum ist es verboten, mehrere Frauen zu haben?“

„Es ist besser so für das Glück der Ehe und die Erziehung der Kinder. Außerdem will es der Himmelsherr so.“

„Gilt das Gebot auch für Könige und Kaiser?“

„Für sie mehr als für alle anderen; denn die Fürsten müssen ihren Untertanen ein gutes Beispiel geben, das sie nachahmen können.“

„Ich werde bald heiraten“, vertraut Shun-chih seinem Lehrer an. „Sie heißt Borjikin und ist eine Mongolin wie meine Mutter, in deren Palast sie schon lebt.“

„Du bist noch viel zu jung zum Heiraten!“, schüttelt Pater Schall den Kopf.

„Alle Mandschuprinzen heiraten so früh. Meine Braut ist zwei Jahre älter als ich. Das ist so die Sitte bei uns, dass die Frau älter ist als der Mann.“

„Ich wünsche, dass sie eine gute Kaiserin wird und dich glücklich macht. Aber warte noch mit dem Heiraten!“

„Wenn die Apfelbäume Früchte tragen, ist Hochzeit. Das ist schon alles festgesetzt. Für deinen Glückwunsch danke ich dir. Aber sag mir, Ma-fa, ist es schwer, die Gebote zu halten?“

„Gott hilft uns, wenn wir ihn darum bitten.“

„Ja, das mag so sein! Ich fühle, dass ich die Gebote halten kann. Doch sag’ mir, wer ist der Gott, von dem du sprichst?“

Der Priester erklärt es ihm, so gut er vermag. Eine Weile hört Shun-chih aufmerksam zu, dann unterbricht er seinen Lehrer.

„Du musst mir zu anderer Zeit mehr darüber sagen. Ich will alles genau wissen. Aber jetzt sag' mir noch, wie wird das Bernsteinöl gewonnen?"

Pater Schall hat Mühe, ein Lächeln zu unterdrücken. Der Themawechsel kam doch zu unvermittelt. Dann gibt er die gewünschte Auskunft.

„Bernstein entsteht in Jahrtausenden aus dem Harz der Nadelhölzer, schmilzt bei ungefähr vierhundert Grad. Dabei entweicht unter anderem das Bernsteinöl."

„Du weißt alles!", nickt der Kaiser befriedigt. „Ich habe mit einem Prinzen gewettet, dass du es weißt. Aber nun bin ich wirklich müde geworden und will schlafen. Meine Sänfte wird dich zurückbringen."

Peter Schall aber findet jetzt keinen Schlaf. Immer wieder geht ihm das Gehörte durch den Sinn. Das Treiben der Lamas wird immer unerträglicher, seit sie in der Kaiserin-Mutter eine mächtige Förderin gefunden haben. Der Glaube, den sie verkünden, ist eine Mischung aus der gröblich entstellten Lehre Buddhas, verbunden mit schamanischem Zauberwahn und dem grausamen und unzüchtigen Kult des Tantra, einer spätbramahnischen Religionsform. Ihr Oberbonze nennt sich „König" und lässt sich auf den Schultern seiner Mönche durch die Straßen von Peking tragen.

Die Gefahr ist groß, dass der junge Kaiser, von seiner Mutter verleitet, ganz dem Einfluss der Bonzen verfällt.

Indessen scheint Shun-chih die Todesdrohung bald wieder vergessen zu haben. Im Frühjahr reitet er mit dem Adel und dem gesamten Hof auf die Jagd in die Mandschurei. Pater

Schall, der sonst bei Tag und Nacht keine Minute vor seinen jungenhaften Einfällen sicher ist, kann sich in Ruhe seinen Arbeiten widmen.

Eines Tages, während der Abwesenheit des jungen Herrschers, erscheinen drei Damen, die Schall an Kleidung, Haarschmuck und den unverkrüppelten Füßen als vornehme Mandschurinnen erkennt, und bitten um Hilfe für eine Dame, die schwer erkrankt sei.

„So will ich nach ihr sehen!", nickt der Priester.

„Nein, nein, das geht nicht!", wehrt die älteste der Frauen hastig ab.

„Dann kann ich nicht helfen!", antwortet Schall ein wenig ärgerlich. „Doch will ich beten, dass sie wieder gesund wird."

„Du hast gewiss einen Zauber, der sie heilen kann!", beharren die Bittstellerinnen.

„Nein, ich habe keinen Zauber. Nur ein frommes Zeichen kann ich ihr geben, das ihr vielleicht Segen bringt." Er überreicht den Frauen ein kleines „Agnus-Dei-Täfelchen" mit dem symbolischen Bildnis des Erlösers als Gotteslamm, das er der Patientin aufzulegen empfiehlt.

„Vielleicht bringt es Hilfe, aber ein Zauber ist es nicht." Dankbar nehmen die Damen die kleine gesegnete Kostbarkeit.

Fünf Tage später kommt eine mongolische Dienerin und überbringt dem Priester im Namen ihrer Herrin eine größere Summe Geldes sowie kostbare, golddurchwirkte Seidenstoffe.

„Dein Zauber hat die kranke junge Dame gesund gemacht!", erklärt sie dem Staunenden.

„Es war kein Zauber, sondern nur ein frommer Andachtsgegenstand!", erwidert Schall stirnrunzelnd. „Ein Geschenk kann ich dafür durchaus nicht annehmen."

„So mögest du die Gaben für gute Zwecke verwenden, lässt meine Herrin dir sagen."

Der Jesuit nimmt schließlich die Geschenke für die Kirche und seine Armen.

„Sag mir den Namen und die Wohnung deiner Herrin, damit ich ihr danken kann!", bittet er die Dienerin.

„Es ist die Mutter des Kaisers, die mich schickt. Die Kranke, die durch deine Hilfe gesund wurde, ist des Kaisers Braut, die erhabene Prinzessin Borjikin. Sie bittet dich, sie fürderhin als deine Tochter zu betrachten, die keine Gelegenheit versäumen wird, sich dir dankbar zu erweisen."

Pater Schall ist fassungslos vor Staunen. Dann setzt er sich hin, schreibt einen Dankesbrief, wobei er die Kaiserin-Mutter ermahnt, die Bonzen nicht länger in Schutz zu nehmen, damit sie nicht andere durch ihr Beispiel verführe und das Gespött vernünftiger Leute herausfordere.

Weder die Kaiserin-Mutter noch die junge Braut verübeln dem Priester das freimütige Schreiben. Als am 27. September die Kaiserhochzeit mit höchstem Prunk gefeiert wird, ist Pater Schall unter den Geladenen und erfreut sich der ehrenvollsten Behandlung durch das Kaiserpaar.

„Der Bonze hat gelogen", sagt Shun-chih beim Mahl. „Ich habe nicht einen Tael für die Pagode gegeben und lebe noch immer. Morgen lasse ich dem Lügenpropheten den Kopf abschlagen."

„Die schönste Tugend des Kaisers ist der Edelmut", antwortet Schall. „Es wird genügen, wenn du ihn aus der Hauptstadt verbannst."

„Gut, so schicke ich ihn an die äußerste Grenze der Provinz Liaotung. Von dort aus kann er mich nicht mehr mit Todesdrohungen belästigen. Für deinen Gott aber, dessen Zeichen die Kaiserin gerettet hat, will ich eine Kirche bauen, würdig der erhabenen Religion, der du dienst."

„Ich danke dir für deine große Güte!", erwidert der Pater gerührt. Auch die junge Kaiserin erweist dem Priester ihre Gunst. Das „Agnus-Dei-Täfelchen" trägt sie ganz offen an ihrem roten Hochzeitskleid.

„Ich habe noch etwas für dich", sagt der Kaiser, als der Priester gegen Abend den neuerbauten Palast verlässt. Damit überreicht er ihm eine mit großem Siegel versehene Urkunde, durch die Pater Schall zum „Hohen Ratsmitglied" ernannt und zur Würde eines Mandarins dritter Klasse erhoben wird.

Mehr als über die Auszeichnung freut sich Schall über die hohe Geldsumme, die der Kaiser für den Bau einer christlichen Kirche übersendet. Bis dahin hat es in Peking neben einem Betraum für die Frauen nur ein einziges christliches Gotteshaus gegeben, das aber von außen als solches nicht zu erkennen ist. Jetzt entsteht nach Schalls Plänen eine prächtige Kirche im prunkvollen Stil des Barock. Am Tag nach der Einweihung kommt der Kaiser selbst, sie zu besichtigen.

Er beobachtet dabei alle nur möglichen Zeichen der Verehrung. Zehn Schritte vor dem Tor lässt er die Sänfte halten und geht zu Fuß auf das Gotteshaus zu. Auch weigert er sich, durch den marmornen Triumphbogen zu schreiten. Durch ein kleines Seitentor betritt er die Kirche. Vor dem Christusbild, das den Hochaltar schmückt, verneigt er sich tief und schlägt an seine Brust.

„Von ihm musst du mir mehr erzählen!", raunt er, auf das Bild zeigend, dem Priester zu.

In einer der folgenden Nächte lässt er den Pater wiederum

holen und bittet ihn, vom Leben Jesu Christi zu berichten. Als Schall vom Leiden und Sterben des Herrn spricht, erhebt sich der junge Fürst, wirft sich auf die Knie und berührt mit seiner Stirn den Boden.

Einige Tage später. Es ist hoher Sommer, und die Hitze ist so gewaltig, dass selbst die Möbel im Haus schwitzen und sich mit einem grünlichen Schimmel beziehen. Pater Schall sitzt bei seinen Büchern, als plötzlich die Tür geöffnet wird und der Kaiser ohne Anmeldung ins Zimmer tritt.

„Du wohnst sehr arm hier", sagt er, erstaunt die schlichte Einrichtung der Klosterzelle musternd. Da gibt es nichts zu sehen als einen Tisch, einen Bambusstuhl, eine Kniebank, ein Bett und als Wandschmuck ein Kruzifix. „Ein Mandarin des himmlischen Reiches sollte prächtiger wohnen."

„Für einen Priester ist diese Einrichtung gerade recht", lächelt Adam Schall. Verlegen bietet er dem Kaiser seinen Bambusstuhl an.

„Nein, das ist dein Platz", wehrt Shun-chih ab und setzt sich mit untergeschlagenen Beinen aufs Bett.

„Was führt dich zu mir?", fragt der Priester.

„Ich muss dich in einer wichtigen Sache um Rat bitten. Der Dalai-Lama hat seinen Besuch angekündigt. Er kommt mit riesigem Gefolge, und man hat mir geraten, das Oberhaupt einer so weitverbreiteten Religion an den Grenzen meines Reiches persönlich abzuholen. Eine Reise von zwei Monaten wird dafür nötig sein."

„Der Dalai-Lama?", wiederholt Schall überrascht.

„Ja, seine Anhänger betrachten ihn als den fortlebenden Propheten Buddha, ja, als menschgewordenen Gott."

„Der Dalai-Lama ist ein Mensch und nicht mehr."

„Was rätst du mir, das ich tun soll?"

„Es ist unter deiner Würde, den Dalai-Lama an der Reichsgrenze abzuholen. Schicke einen der Prinzen zu seinem Empfang!"

„Gut, ich will tun, wie du mir rätst. Aber warum reichst du mir nicht einen Ehrentrunk, Ma-fa? Es ist sehr heiß, und ich bin durstig."

„Ich habe es nicht gewagt, dir von unserem geringen Wein anzubieten", entschuldigte sich der Priester. Dann ruft er nach Pan, seinem Diener, der aufgeregt herbeieilt, und lässt einen Becher mit Rotwein bringen, den die Missionare in Shansi gekeltert haben.

Der Kaiser kostet, reicht den Trunk dann aber dem Diener zurück: „Hast du noch anderen Wein?", fragt er den Pater.

Auf Schalls Geheiß bringt der Diener einen Krug alten Rheinweins und füllt damit zitternd den Becher des Kaisers.

„Er schmeckt gut!", lobt Shun-chih. Als er aber erfährt, dass der Wein aus Europa stammt, spuckt er entsetzt aus.

„Ich mag nichts trinken, was im Land des Westens gewachsen ist", sagt er stirnrunzelnd. „Hast du noch anderen Wein?"

Pater Schall deutet auf den Rebstock, der unter seinem Fenster wächst. „Ich habe von diesen Trauben ein paar Krüge keltern lassen", erklärt er und gebietet dem Diener, davon zu holen.

Dieser Becher findet Gnade vor Shun-chih. Er leert ihn bis auf den Grund. Mit einem Seidentuch wischt er sich den Schweiß von der Stirn.

„Ich habe Kummer, Ma-fa!", sagt er nach einer Weile des Schweigens, nachdem der Diener die Zelle mit tiefem Kotau verlassen hat. „Die Kaiserin wird mir wohl nie einen Sohn schenken. Ich muss aber einen Erben haben und werde deshalb eine zweite Gemahlin nehmen."

„Das ist wider das göttliche Gesetz!", erklärt der Pater ernst. „Tu es nicht, Shun-chih, es bringt dir kein Glück."

„Nein, nein, Ma-fa! Ich habe in allem nach deinem Willen getan und werde auch den Dalai-Lama nicht selbst abholen, da du es nicht willst. Aber einen Sohn muss ich haben. Darum werde ich eine zweite Kaiserin erwählen. Es ist so beschlossen." Der Kaiser erhebt sich. „Ich danke dir für den Ehrentrunk und deinen Rat. Leb wohl, Ma-fa!"

Mit traurigen Gedanken lässt er den Pater zurück. Immer hat Schall die stille Hoffnung gehabt, den jungen Herrscher zum Christentum bekehren zu können, weiß er doch, wie sehr Shunchih die Religion ehrt, der er, der Priester, dient. Wenn er nun aber eine zweite Frau nimmt, ist diese Hoffnung wohl für immer zerstört. Seufzend wirft sich der Jesuit auf seine Kniebank nieder und birgt das Gesicht in seine Hände.

An einem sonnenhellen Novembertag des Jahres 1652 hält der Dalai-Lama seinen Einzug in Peking. Er erscheint mit riesigem Gefolge. Die ganze Stadt ist auf den Beinen, das Schauspiel zu sehen.

Dreitausend Lamas mit Gewändern aus dicker, roter Serge schreiten daher, spitze, gelbe Hüte auf den geschorenen Köpfen, die vornehmeren Würdenträger in saphirfarbenen Gewändern mit moosgrünen Ärmeln, Äbte mit gelben Seidenmänteln. Tausend Glöckchen läuten, der Klang unzähliger Pauken und Tschinellen erschüttert die Luft. Weihrauchwolken steigen aus silbernen Schalen.

Von seiner Leibgarde, riesigen Wächtern mit langen Peitschen, umgeben, folgt Lozangyato, der Dalai-Lama. Sechsunddreißig Männer in grünen Röcken und roten Tellermützen tragen die wie Gold glänzende Sänfte des lebenden Buddha, der, in gelbe Seide gekleidet, auf seinen Kissen thront, während die am Wege stehenden Gläubigen sich auf die Erde niederwerfen und ihre Gesichter verhüllen. Die weltlichen und geistigen Minister und Großen des tibetanischen Reiches beschließen in ihren fantastischen Gewändern den feierlichen Zug.

Unter dem Dröhnen mächtiger Gongs und dem Schmettern der Fanfaren, die ihm entgegenschallen, hält der Dalai-Lama seinen Einzug in die Pagode der nördlichen Vorstadt, wo er für die nächsten Monate Wohnung nimmt.

Im Januar erst empfängt ihn der Kaiser im Jagdpark Nanyüan, wo er ihn, auf einem Thron sitzend, erwartet. Seinem Gast weist er einen Platz unter den Prinzen und Magnaten an.

Der fortlebende Buddha, ein kaum den Knabenjahren entwachsener Jüngling, leiert jedes Wort nach, das ihm einer seiner Minister zuflüstert. Er schaut ziemlich verdrossen drein; denn der Empfang in einem Jagdpark erscheint ihm nicht gerade besonders ehrenvoll.

Die Audienz währt nicht lange. Als der lebende Gott den Kaiser auffordert, ein Lamaschüler zu werden, antwortet Shunchih, er habe schon einen Lehrer, mit dem er sehr zufrieden sei, und bedürfe keines anderen. Zwei Monate später reist der Dalai-Lama aus Peking ab.

Die folgende Zeit bringt Not und Elend über Peking und das ganze Reich. Anhaltende Regengüsse und riesige Überschwemmungen bringen den Hunger ins Land. Eine gefährliche Blatternepidemie fordert zahllose Todesopfer.

„Das ist die Strafe des Himmels, der nicht duldet, dass man einem Menschen göttliche Ehre erweist", erklärt Schall dem

Kaiser. „Du kannst ihn nur versöhnen, wenn du dich der Not der Armen annimmst.*

Shun-chih, beherzigt die Mahnung. Mehr als eine Million Tael werden unter die Notleidenden verteilt.

Seinen Lehrer aber ehrt der Kaiser durch eine neue Auszeichnung, eine Marmortafel mit kunstvoller Drachenumrahmung mit einer Inschrift, die mit den Worten schließt:

> „Als ich durch die Gnade des Himmels unsere Dynastie gründete, ließ ich durch dich den Kalender der großen Tsing-Dynastie bearbeiten. Bei der Ausführung dieser Aufgabe hast du hohen Fleiß, vollkommene Rechtschaffenheit, eine unvergleichliche Hingabe und in der Verwaltung deines Amtes große Treue gezeigt. Du hast die alten Astronomen übertroffen.
>
> Daher verleihe ich dir den Ehrentitel: ‚Die Geheimnisse des Himmels durchdringender Lehrer'. Du sollst das Astronomische Amt weiter verwalten. Alle mögen wissen: der Himmel hat uns einen weisen Mann geschenkt, der die Zeiten messen, die Fehler von Jahrtausenden verbessern und einen vortrefflichen Kalender für unsere Dynastie abfassen konnte. Das ist sicher nicht durch Zufall geschehen.
>
> Welche Ehre für dich, dass dein Name auf Grund der vollendeten Ausführung deiner Arbeit und der Meisterschaft deines Wissens in den amtlichen Aufzeichnungen der Nachwelt überliefert wird! Das ist der Gegenstand unserer Verordnung."

Eine Schachpartie

„Ich will meinen Beamten eine Ermahnung schreiben, dass sie ihre Pflichten treu erfüllen“, erklärt der Kaiser Pater Schall, mit dem er an einem hellen, warmen Frühlingstag im Garten des Kollegs auf und abwandelt. „Ich habe gehört, dass weise Herrscher ihren Dienern von Zeit zu Zeit solche Ermunterungsbriefe schicken. Was soll ich ihnen schreiben, Ma-fa?“

„Gar nichts, Shun-chih!“

„Gar nichts?“, fragt der Kaiser verblüfft.

„Kungfu-tse, einer der weisesten Männer, die je im Reich der Mitte lebten, sprach einst zu einem Kaiser, der die gleiche Absicht hatte wie du: ‚Wer selbst recht ist, braucht nicht zu mahnen. Wer selbst nicht recht ist, der mag ermahnen, doch es wird ihm niemand gehorchen!‘ Die beste Predigt für die Beamten ist das gute Beispiel des Fürsten.“

„Aber viele meiner Diener sind nachlässig in der Erfüllung ihrer Pflichten!“

„Sie richten sich nach dir, Shun-chih!“, antwortet der Priester freimütig.

„Du redest kühn!“, grollt der junge Mann, in dessen Augen es drohend aufblitzt.

„Was würdest du von einem Lehrer halten, der aus Furcht versäumt, den Schüler auf seine Fehler hinzuweisen?“

„Man müsste ihm die Fußsohlen zerpeitschen!“

„Und was hältst du von einem Fürsten, der über seinem

Vergnügen die Herrscherpflichten vergisst? Ich kenne einen Jüngling, der über einige hundert Millionen Menschen gebietet. Die meisten von ihnen leben sehr unglücklich. Aber der Jüngling denkt nur an Reiten und Jagen, und obschon er die edelste Fürstin zur Gemahlin hat, begnügt er sich nicht mit ihrer Liebe. Wie soll der ein Volk regieren, der sich selbst nicht zu gebieten vermag?"

Zornig stößt Shun-chih mit dem Fuß einen Stein aus dem Weg. Dann wendet er sich plötzlich ab und geht ohne ein Wort davon. Beim Gartentor aber bleibt er unschlüssig stehen, kehrt zu seinem Lehrer zurück und sagt: „Verzeih mein schlechtes Benehmen, Ma-fa! Du hast recht! Ich habe viele Fehler. Schreib sie mir alle auf, damit ich sie nicht vergesse. Ich will versuchen, mich zu bessern. Nur von meiner zweiten Gemahlin sollst du nicht mehr sprechen. Sie wird mir einen Sohn schenken. Borjikin aber, meine erste Gemahlin welkt dahin, und ich fürchte, sie wird nicht mehr lange leben."

„Manche Blüte verwelkt unter dem Brand der heißen Sommersonne, andere aber sterben, weil ihnen das Licht fehlt, das sie zum Leben brauchen."

„Ich möchte mit dir darüber nicht sprechen!", wehrt Shunchih unwillig ab. „Ich will mit dir Schach spielen."

Sie nehmen an einem Gartentischchen unter den Ästen einer Platane Platz. Pater Schall klatscht in die Hände. Ein kleiner, nach Mandschusitte gekleideter Junge eilt herzu, verneigt sich tief vor dem Kaiser, so dass das zierliche Zöpflein vornüberfliegt, und sagt: „Ich wünsche dir zehntausend Herbste, erhabener Herr!"

„Sieh mal an, wie höflich du bist!", lächelt der Kaiser. „Wie heißt du?"

„Pan Shih-lung ist mein geringer Name“, antwortet der Knirps und verbeugt sich abermals.

„Er ist der Sohn meines Dieners“, erklärt der Priester. „Geh jetzt, mein Kleiner, und hole das Schachspiel!“

„Ich gehorche, ehrwürdiger Vater!“ Noch einmal schwenkt der Junge sein Zöpflein, springt davon und bringt bald darauf das Gewünschte.

„Ich wünsche dem erhabenen Herrn und dem ehrwürdigen Vater eine gute Unterhaltung“, sagt er mit neuem, lebensgefährlichen Kotau und zieht sich zurück.

„Du bekommst die erste Stelle bei Hof, die frei wird!“, verspricht der Kaiser lachend. „Ja, ich werde dich zum Leiter des Luan-i-wei machen, das ist das Amt, das die kaiserlichen Abzeichen bewahrt.“

„Ich bin der hohen Ehre nicht würdig“, versichert das Bürschlein. „Dennoch danke ich für die versprochene Gunst. Ich werde deine Abzeichen wohl verwalten.“ Dann zieht sich der Knabe, mit drei tiefen Verbeugungen rückwärtsgehend, zurück.

„Ein drolliger kleiner Junge!“, sagt der Kaiser, die Figuren aufstellend. „Sag mal, Ma-fa, warum hast du eigentlich nicht geheiratet? Dann hättest du gewiss schon viele Söhne.“

„Die Priester unserer Kirche leben ehelos, um sich ohne Bindung allein Gott und den Seelen widmen zu können.“

„Das verstehe ich nicht! Ein Leben ohne Frauen erscheint mir wertlos und überaus traurig.“

„Es gibt Höheres als irdische Liebe.“

„Was denn?“

„Die Liebe zu Gott und ein Leben in seiner Gnade! Aber gib Acht! Deine Dame ist in Gefahr. Ich kann sie dir nehmen, wenn du sie nicht schützest.“

„Das ist wirklich lustig, dass du mir meine Dame nehmen willst!", lacht Shun-chih. „Aber ich sehe schon, dass ich das Spiel verliere. Wenn ich im Palast mit meinen Eunuchen spiele, gewinne ich immer."

„Sie fürchten, du möchtest zürnen, wenn du verlierst."

„Ja, das mag sein. Darum spiele ich lieber mit dir; denn du bist ehrlich und schonst mich auch nicht im Spiel."

„Es gefällt mir wenig, dass du den Eunuchen deinen Palast wieder geöffnet hast. Nach dem Tod des letzten Ming-Kaisers zerstoben sie in alle Winde, soweit sie seinen Untergang überlebten. Jetzt wimmeln sie wieder in deinen Palästen herum."

„Viele dieser Leute sind höchst unterhaltsam, vertreiben mir die Langeweile und verschaffen mir stets neue Vergnügungen. Aber sag mir, wie es kam, dass Chung-cheng Thron und Leben verlor!"

„Er vertraute schlechten Ratgebern und wollte sich nicht von den Eunuchen trennen, die ihm schmeichelten, ihn aber später schnöde verrieten."

„Mir werden sie nicht schaden. Ich werde wachsam sein. Außerdem habe ich dich, Ma-fa!"

„Schach!", ruft der Priester.

Der Kaiser tut in der Eile einen unüberlegten Zug.

„Und Matt!", stellt der Priester fest.

„Warum habe ich wieder verloren?", fragt der Jüngling, die Figuren zusammenwerfend.

„Weil du zu Anfang ein paar Bauern unnötigerweise geopfert hast."

„Was liegt an ein paar Bauern?"

„Sie sind sehr wichtig für den König, auf dem Schachbrett wie im Leben."

„Manchmal fällst du mir auf die Nerven, Ma-fa!", sagt der Kaiser verdrießlich.

„Das ist meine Absicht!", erwidert Schall ungerührt. „Ohne Scherz, du solltest dich mehr um deine Bauern kümmern. Die schlechten Ernten haben sie in große Not gebracht, und viele deiner Beamten bedrängen sie schwer mit Forderungen, die sie nicht erfüllen können. So verlieren sie völlig ihr Hab und Gut. Willst du der Kaiser eines Bettelstaates sein?"

„Du siehst, wie notwendig es ist, dass ich eine Ermahnung schreibe!", kommt der Jüngling auf seinen Plan zurück. „Kung-fu-tse hat unrecht. Das gute Beispiel allein genügt nicht."

„Warum glaubst du das?"

„Nun, die Antwort ist einfach genug. Du gibst mir doch ein gutes Beispiel, nicht wahr?"

„Ich hoffe es."

„Warum also ermahnst du mich dauernd, wenn das gute Beispiel genügt?", lacht der Kaiser vergnügt.

Pater Schall fährt sich in das grau werdende Haar. Dann lacht auch er herzlich.

„Also schreib mir eine Ermahnung für die Beamten auf!", fordert Shun-chih. „Sie kann gewiss nichts schaden."

„Es wird geschehen!", nickt der Priester.

Als der Kaiser das Kolleg verlassen hat, nähert sich aufgeregt der Diener Pan dem Priester und sagt: „Ist es wahr, dass der Kaiser meinem Sohn ein hohes Amt bei Hofe versprochen hat?"

„Ja, ich habe es selbst gehört."

„Und was ein Kaiser verspricht, muss er doch halten?"

„Man sollte es meinen!"

„Oh, welche Ehre für meine Familie und alle meine Ahnen!", jubelt der Diener. Von diesem Tag an spricht er immer nur von seinem Sohn, „dem der Kaiser ein hohes Amt bei Hofe versprochen hat."

Die Geschichte steigt ihm wirklich in den Kopf, und in der Folge beschwert sich mancher darüber, Pan Tsin-hsiao beneh-me sich für einen Klosterdiener reichlich hochfahrend und überheblich. Schall aber lacht nur dazu und sagt: „Lasst dem armen Kerl doch sein bisschen Stolz!" Er vermag seinem Diener nicht zu zürnen, der ihn in seiner schweren Krankheit mit solch rührender Hingabe gepflegt hat.

Das Ende des Jahres 1654 bringt dem Priester ein großes Leid. Pater Langobardi, der in so vielen Jahren sein treuer, väterlicher Freund gewesen ist, liegt auf der Totenbahre. Adam Schall trauert um ihn von ganzem Herzen und sorgt für eine großartige Leichenfeier, für die der Kaiser eine Summe im Wert von dreihundert Dukaten stiftet. Shun-chih lässt auf kostbaren Seidenstoff ein Bild des Verstorbenen malen, das ihn im Chorrock auf der Kanzel darstellt.

Andere Mitbrüder kommen ins Haus. Nicht alle verstehen den Pater, der oft hinter einem grimmigen Wesen sein gutes Herz verbirgt. Manche nehmen Anstoß daran, dass er, ein Sohn des heiligen Ignatius, gegen die Ordensregel ein hohes weltliches Amt bekleidet, obschon er offensichtlich der Mission und der Verbreitung des Christentums durch seinen Einfluss bei Hof die besten Dienste tut. Auch die Kalenderfrage ist noch nicht geklärt. Immer noch wartet man auf den Entscheid von Rom, und in den Augen vieler bleibt das gelbe Büchlein, das Jahr um Jahr erscheint, ein bedenkliches Ärgernis.

Nichts bedrückt den Pater so sehr wie die Verkennung durch die eigenen Mitbrüder. Doch er ist es müde, sich immer wieder zu rechtfertigen. Im Gebet vertraut er Gott seinen Kummer an.

Der fliegende Kranich

An einem Frühlingstag des Jahres 1657, dem Tag vor seinem zwanzigsten Geburtstag, erscheint der Kaiser, übermütig wie zumeist, in Schalls Zimmer, hockt sich aufs Bett und ruft: „Freu dich mit mir, Ma-fa! Mir wurde ein Sohn geboren."

„Ich wünsche ihm viele glückliche Jahre", erwidert der Priester.

„Nun habe ich drei blühende Leibessprossen, aber dieser, mein Neugeborener, soll der Erbe meines Thrones sein. Die Frau, die ich zur dritten Kaiserin erhob, hat mir diesen Sohn geschenkt."

„Wohl weiß ich, dass die Sitte des Reiches dir drei Frauen erlaubt, aber ich habe dir nie verhehlt, wie wenig es mich freut, dass du zur ersten Kaiserin zwei andere genommen hast. Es ist wider die Natur und das göttliche Gesetz."

„Borjikin blieb kinderlos und kränkelte dauernd in den letzten Jahren. Hätte sie mir den Erben geboren, wäre ich deinem Wunsch wahrscheinlich gefolgt. Auch musst du bedenken, dass ich der Religion, die solch harte Forderungen stellt, nicht angehöre, so sehr ich sie um deinetwillen ehre. Aber ich will dich schon versöhnen, du wirst sehen."

„Wichtig allein ist, dass du Gott versöhnst!"

Dann schweigen beide. Vom Hof her hallt das Hämmern einer benachbarten Schmiede. Das ernste Gespräch, zu dem Shun-chih sich nicht aufgelegt fühlt, zu beenden, springt er auf und sagt: „Komm mit, wir wollen der Musik der Schmiedehämmer zuhören!“

Die Handwerker unterbrechen erschrocken ihre Arbeit, als sie den Kaiser sehen. Der aber fordert sie auf, sich nicht stören zu lassen, da er ein wenig Zusehen wolle.

Da hämmern die Schmiede gewaltig drauflos. Der Junge, der den Blasebalg bedient, lässt die Flamme steigen. Die Funken stieben dem Kaiser ins Gesicht.

Erschreckt fährt der zurück, gerät dabei aber unglücklicherweise auf eine Matte, die eine Grube notdürftig bedeckt. Sie gibt unter seinen Füßen nach.

Shun-chih wirft sich zur Seite, entgeht dem Absturz, fällt aber doch zu Boden. Pater Schall hilft ihm auf, während ein paar Edelleute des kaiserlichen Gefolges, die im Klosterhof warten, bestürzt herzu eilen. Das Missgeschick am Vortag seines Geburtsfestes erscheint ihnen als unheilvolles Zeichen.

Der Kaiser aber macht dem allgemeinen Entsetzen ein Ende, indem er sich lachend an den Pater wendet.

„Man soll doch nicht, abergläubisch sein, nicht wahr, Mafa? So etwas kann jedem Zustoßen. Es ist ohne jede Bedeutung.“

Am anderen Tag nimmt er sich kaum die Zeit, die Glückwünsche der Prinzen und Palastbeamten entgegenzunehmen. Er lässt Pater Schall wissen, dass er sein Geburtsfest bei ihm feiern will.

In aller Eile lässt der Priester im Refektorium eine Tafel für den Kaiser und etliche Tische für dessen Gefolge herrichten. Aber als Shun-chih erscheint, schüttelt er lachend den Kopf und sagt: „Ich will allein mit dir speisen, Ma-fa!“

„Und das Gefolge?“

„Die Herren können essen, wo sie wollen. Lass ihre Tische auf die Straße setzen!"

Die Gesichter der Edelleute verfinsterten sich. Besonders des Kaisers Oheim, Prinz Suksaha, scheint ernstlich beleidigt. So zögert der Jesuit. Da jedoch der Kaiser auf seinem Willen beharrt, lässt er die Tische der übrigen Gäste in den Klostergarten tragen, wo alsdann die vornehmen Herren tafeln.

Der Kaiser nimmt aus der Hand des Priesters den Ehrentrunk. Nach dem Mahl sagt er lächelnd: „Ich habe eine Überraschung für dich, Ma-fa. Komm mit!" Mit ihm und seinem ganzen Gefolge zieht er zu der neugebauten christlichen Kirche. Als Pater Schall aus der Sänfte steigt, erblickt er vor dem marmornen Ehrenbogen eine Gedenksäule aus kostbarem Gestein, an der eine lange Inschrift angebracht ist. Der Kaiser rühmt auf der Tafel die Verdienste des Astronomen, seine Arbeit am Kalender und die Lauterkeit seines Lebens. Der Schluss des in goldenen Schriftzeichen abgefassten „pai-pien" lautet:

> „Tang Jo-wang dient seiner Religion und dient seinem Gott. Er baut neue Kirchen, und mit unermüdlichem Eifer bekundet er in bewunderungswürdiger Reinheit an diesem Ort Gott seine Verehrung. Dafür gebührt ihm all unser Lob. Wenn die Beamten mit gleicher Vollkommenheit ihrem Fürsten dienten, wären sie Muster des Fleißes.
>
> Davon tief ergriffen, gewähren wir in kaiserlicher Huld die Inschrift: ‚Des tiefgründigen Lehrers glückbringender Ort'."

„Freust du dich, Ma-fa?", fragt der Kaiser strahlend.

„Ich danke dir für die Ehre, die du einer christlichen Kirche erwiesen hast!", antwortete Schall sich verneigend.

Wie nah ist doch der Fürst dem wahren Glauben, geht es ihm durch den Sinn. Welch ein Erfolg für die Mission, wenn der Kaiser des gewaltigsten Reiches der Welt Christ würde! Aber es ist unmöglich, ihn zu veranlassen, die Taufe zu nehmen, solange er sein Leben nicht ändert und auf seine beiden Nebenfrauen verzichtet.

Indessen genügen alle bisherigen Ehrungen für seinen Lehrer dem jungen Kaiser nicht. Am Lichtmesstag des folgenden Jahres ernennt er ihn zum „Hohen Würdenträger der kaiserlichen Bankette“. Es handelt sich dabei um einen bloßen Titel, mit dem kein Amt verbunden ist, aber es erhebt seinen Träger zur Würde eines „Mandarins des Himmels“, zum Rang der ersten Klasse, den Schall nur mit den höchsten Staatsbeamten und den vornehmsten kaiserlichen Prinzen teilt.

Da aber nach chinesischer Auffassung die Söhne keinen höheren Rang haben dürfen als ihre Ahnen, werden der Vater, der Großvater und Urgroßvater Schalls durch kaiserlichen Erlass zur gleichen Würde erhoben. Seither trägt Schall bei feierlichen Anlässen die Zeichen seiner neuen Würde, ein scharlachrotes Seidengewand mit dem Bild eines fliegenden Kranichs auf der Brust und einen Rubin als Knopf seines Hutes.

„Ich fürchte, der heilige Ignatius wird mich gar nicht als seinen Sohn erkennen, wenn ich mit meinem Kranich in den Himmel fliege!“, seufzt Schall im Kreis seiner Mitbrüder. „Auf jeden Fall sorgt dafür, dass ich mit meiner Ordenssoutane ins Grab gelegt werde und nicht mit dem chinesischen Plunder!“

„Vor einem Mandarin des Himmels wird selbst der heilige Petrus einen tiefen Kotau machen!“, scherzt der Pater Johann Valat.

„Nun habe ich dich mit der höchsten Würde geschmückt,

die ich zu vergeben habe", sagt Shun-chih, als er seinem Lehrer zu der Auszeichnung Glück wünscht. „Ich gab deinen Ahnen den gleichen Rang. Doch wünschte ich, auch deine Nachkommen ehren zu können."

„Du weißt, dass ich ehelos lebe!"

„Aber du dürftest doch einen Knaben an Sohnes Statt annehmen? Oder verbietet dir auch das dein Gelübde?"

„Ich glaube nicht! Aber es wäre doch recht merkwürdig, wenn ich mit meinen Sechsundsechzig Jahren noch einen Sohn bekäme."

„Wenn das deine einzigen Bedenken sind, so mache ihn eben zu deinem Adoptivenkel! Daran kann niemand Anstoß nehmen. Gut, die Sache ist abgemacht. Du suchst dir einen Adoptivenkel, und er wird wie alle Söhne der hohen Mandarine seine Ausbildung im kaiserlichen Kolleg haben, wenn er das nötige Alter erreicht hat."

Obschon dem Jesuiten die Sache nicht unbedenklich scheint, entschließt er sich, dem Wunsch des Kaisers zu willfahren. Er wählt zu seinem Adoptivenkel den zehnjährigen Sohn seines Dieners Pan, jenes Bürschlein, das dem Kaiser einst durch sein höfliches Benehmen so viel Vergnügen bereitet hat.

Den Diener Pan erhebt der Kaiser in den Rang eines kaiserlichen Militärmandarins. Diese Auszeichnung und die neue Würde seines Sohnes bringen den guten Mann nahezu um seinen Verstand. Da der kleine Shih-lung nun der Enkel Schalls geworden ist, muss der Vater doch eigentlich sein Sohn sein. So besucht er denn seither gern die Teestuben Pekings und spricht überall laut und großartig von seinem Vater, dem Mandarin des Himmels Tang Jo-wang.

Es gibt aber in der großen Stadt Leute genug, die das missverstehen und den Diener für den leiblichen Nachkommen des Priesters halten. Schall lacht anfangs darüber, als er davon hört, aber schließlich kommen ihm doch schwere Bedenken, ob aus der unglücklichen Adoption nicht doch ein schwereres Ärgernis werden könnte, das dem Ansehen der christlichen Religion schadet.

„Ich glaube, ich habe eine große Dummheit gemacht!", gesteht er seinen Mitbrüdern. Die zucken die Achseln und widersprechen ihm nicht.

Der Diener Pan bewahrt zwar Pater Schall gegenüber seine bisherige Treue und Unterwürfigkeit, allen anderen aber, selbst den übrigen Jesuiten, zeigt er sich zuweilen anmaßend und recht überheblich, so dass es zu allerlei Verdrießlichkeiten kommt.

„Er hat mich gesundgepflegt, als ich die Pest hatte!", beschwichtigt Schall immer wieder die Klagen der Mitbrüder.

Herbststurm rast über Peking, als Pater Schall wieder einmal zu später Stunde in den Palast gerufen wird. Verstört geleiten ihn die Höflinge zum Kaiser. Er findet ihn bei der Leiche seines jüngsten Sohnes, den er zum Erben seines Thrones ausersehen hat. „Warum hasst mich der Himmelsherr so sehr, dass er mir meinen Sohn genommen hat?", sagt Shun-chih, ohne aufzusehen.

„Gott liebt dich", erwidert der Priester ergriffen, „und weil er auch deinen Sohn liebt, nahm er ihn aus dieser Welt der Leiden."

„Glaubst du an das ewige Leben?"

„Ja, ich glaube daran wie an das Licht meiner Augen."

„Die Bonzen lehren, dass die Verstorbenen wiederkehren. Vielleicht schenkt der Himmel mir dies Kind in einem neuen Sohn zurück."

„Es ruht in Gottes Liebe! Lass ihm den Frieden!“

Mit großer Besorgnis erkennt Pater Schall, dass die Bonzen von jenem Tag an neuen Einfluss auf den Kaiser gewinnen. Sie deuten den Tod des Prinzen als Strafe für die Ehrung einer christlichen Kirche und drohen mit neuem Unheil, wenn der Kaiser fortfahre, eine Religion zu begünstigen, die einen Gekreuzigten als Gott verehre.

Des Kaisers Seele schwankt zwischen den widersprechendsten Gefühlen. Tagelang zecht er mit seinen Eunuchen, sucht im Taumel der Sinne sein Leid zu vergessen. Dann wieder schließt er sich ganz von seiner Umgebung ab, liest in den Büchern, die die Lamas ihm in die Hände spielen. Es gibt sogar Höflinge, die wissen wollen, der Kaiser beabsichtige, dem Thron zu entsagen und sich in ein buddhistisches Kloster zurückzuziehen.

Das Jahr geht zu Ende. Es kommt die Zeit, da man in Peking das Laternenfest feiert. In allen Straßen drängen sich die Menschen, bunte Lampions tragend. Alles ist voller Licht, Jubel und ausgelassener Freude. Aber das Herz des Priesters, der sich zur nächtlichen Stunde den Weg durch das Gewimmel bahnt, ist schweren Kummers voll.

Kang-hsi, der fünfjährige Sohn der zweiten Kaiserin, liegt, an den Blattern erkrankt, und ringt mit dem grausamen Würger, der sich während der leuchtenden, fröhlichen Tage in den Palast geschlichen hat.

Sun-chih empfängt seinen Lehrer diesmal nicht mit der gewohnten Freundlichkeit.

„Ich habe dich nicht rufen lassen, Tang Jo-wang“, sagt er, die sonst übliche vertraute Anrede vermeidend.

„Ich wollte in deinem Leid bei dir sein, erhabener Herr!“, antwortet der Priester ruhig. „Zeig mir deinen Knaben!“

„Komm mit!“, gebietet der Kaiser nach einigem Zögern.

Als der Jesuit ins Krankenzimmer tritt, fährt er unwillkürlich zurück. Dampfende Weihrauchwolken schlagen ihm betäubend entgegen, durch ihren Dunst quält sich das Flackern kleiner, stinkender Butterlämpchen. In ihren roten und gelben Kutten tanzen Lamapriester, die mit Zimbeln, Pauken und Tschinellen einen grauenhaften Lärm machen. Andere schwenken grüne oder rote Fähnchen oder drehen mit monotonem Geleier ihre Gebetsmühlen.

Wimmernd liegt der Knabe in den seidenen Kissen, die Stirn nass vom Schweiß, während seine geängstigten Augen entsetzt dem spukhaften Treiben folgen.

„Was soll dieser Unsinn?“, fährt Pater Schall zornig auf.

„Mein Sohn darf nicht sterben“, erwidert der Kaiser. „Die Bonzen versprachen mir, ihn zu heilen.“

„Siehst du denn nicht, wie sie deinen Sohn quälen? Ich bitte dich, erhabener Herr, schick die Bonzen fort! Sie töten deinen Sohn.“

„Kannst du ihn retten?“, fragt der Kaiser unschlüssig.

„Ich will es mit Gottes Hilfe versuchen!“

„Gut, versuche es! Wenn aber der Knabe stirbt, kommt sein Tod auf dein Haupt, Tang Jo-wang.“

Shun-chih gebietet den Bonzen, das Zimmer zu verlassen. Mit ihrem heiligen Plunder ziehen die Lamas ab, nicht ohne finstere Drohungen zu murmeln.

Adam Schall reißt die Fenster auf und lässt die kalte Nachtluft einströmen. Dann setzt er sich ans Bett, wischt dem Knaben den Schweiß von der Stirn, nimmt die glühende Hand in seine Rechte.

Die ganze Nacht hindurch harrt er am Krankenbett aus.

Gegen Morgen wird der Knabe ruhiger und fällt in Schlaf.

Wenige Tage später tritt die erlösende Wendung ein. Der Kranke genest. Die Gefahr ist überstanden. In all der Zeit ist Pater Schall kaum von seinem Lager gewichen.

„Ich danke dir, Ma-fa!", sagt Shun-chih. „Verzeih, wenn der Kummer um meinen Sohn mich ungerecht machte. Jetzt weiß ich, dass du stärker bist als die Bonzen."

„Ich habe dir nichts nachzutragen, erhabener Herr!"

„Nenne mich, wie du mich früher genannt hast!"

„Ich danke dir, Shun-chih!"

Das Schwert des Kaisers

Neue Missionare treffen in Peking ein. Pater Schall, nach Langobardis Tod Rektor des Kollegs, sind die neuen Helfer hochwillkommen. Er tut alles, sie nach der langen gefahrvollen Reise zu erquicken.

Die Mitbrüder bringen den so lange ersehnten Entscheid der römischen Behörden mit. Trotz einiger Bedenken, die das Schreiben nicht verhehlt, wird Pater Schall gestattet, sein Amt als Leiter des Astronomischen Amtes beizubehalten. Niemand solle ihn künftig in seiner Arbeit stören.

„Ein bisschen verklausuliert ist das Schreiben ja“, lächelt der Astronom, als er das versiegelte Papier aus der Hand legt, „aber die Folgerungen sind klar. Ich werde also weiter den Kalender fabrizieren müssen.“

„Man hat in Rom deine Verdienste um die Mission mit höchstem Lob anerkannt“, sagt Pater Ferdinand Verbiest, ein aufrechter, ehrlicher Flame, mit dem Schall bald gute Freundschaft schließt.

Nicht ohne große Gefahr sind die Jesuiten gereist. Seit vielen Jahren macht der berüchtigte Pirat Cheng Cheng-kung die Meere unsicher. Gerade in jenen Tagen ist er mit einer gewaltigen Flotte in die Mündung des Jangtsekiang eingedrungen und belagert Nanking. Die Hauptstadt des Südens scheint verloren.

Eine Unglücksbotschaft nach der anderen trifft in Peking ein. Das Entsatzheer, das der Kaiser in aller Eile der bedrohten

Stadt zu Hilfe sendet, wird vernichtend geschlagen. Peking selbst scheint nicht mehr sicher.

Shun-chih verliert alle Fassung.

„Ich bleibe nicht in Peking", erklärt er seiner Mutter. „In der Mandschurei werde ich sicherer sein und meinem Erbe Reich und Krone retten."

„Du denkst an Flucht?", empört sich die tapfere Frau. „Was deine Väter erobert haben, willst du feige im Stich lassen?"

Da springt Shun-chih auf. Der Sessel fliegt krachend zu Boden.

„Feigheit wirfst du mir vor?", schreit er, außer sich vor Zorn.

Am anderen Tag erklärt der Kaiser der Mutter, er wolle nun selbst gegen die Piraten zu Felde ziehen und dem ganzen Spuk ein Ende machen.

„Du sollst mich nicht länger einen Feigling nennen!", setzt er erbittert hinzu.

„Du darfst nicht ins Feld ziehen!", erwidert die Kaiserin-Mutter mit Festigkeit. „Der Kaiser eines so gewaltigen Reiches darf sich der Gefahr einer Niederlage nicht aussetzen."

„Mein Entschluss ist gefasst. Ich habe Auftrag gegeben, die Verkündigung meines Willens an allen Toren der Stadt anzubringen. Keine Macht der Erde kann mich an der Ausführung meines Vorhabens hindern."

„Was du tun willst, entspringt nicht dem Ratschluss eines weisen Fürsten, sondern der Laune eines törichten Knaben!", antwortet die Mutter unerschrocken.

Die Flamme des Zornes schießt dem Getadelten in die Stirn.

„Geh, oder ich vergesse, dass du meine Mutter bist!", schreit er außer sich vor Wut.

Am Abend dieses Tages tritt der alte Fan, des Kaisers weiser und treuer Ratgeber, in Pater Schalls Zimmer und teilt ihm mit, was geschehen ist.

„Jetzt kannst nur du noch helfen, Tang Jo-wang!", sagt er bekümmert. „Unmöglich darf der Kaiser selbst in den Krieg ziehen."

„Eigentlich erscheint mir sein Wunsch ganz verständlich", erwidert Schall nachdenklich. „Ist es nicht seine Sache, sich der Rebellen zu erwehren? In meinem Vaterland würde auch der Kaiser nicht zögern, selbst das Schwert gegen seine Widersacher zu führen."

„China ist nicht Europa", schüttelt der Greis den Kopf. „Wenn ein Heer geschlagen wird, ist nichts verloren. Wenn ein General besiegt wird, sind andere da, den Schaden wiedergutzumachen. Wird aber der Kaiser geschlagen, verliert er sein Gesicht, und das ganze Reich steht wider ihn auf. Die Folgen wären nicht auszudenken."

„Du hast recht! Ich werde mit Shun-chih reden."

„Ich danke dir, Tang Jo-wang", sagt der Alte, sich tief verneigend. „Doch ist es meine Pflicht, dich darauf aufmerksam zu machen, dass du bei der gegenwärtigen Stimmung des Kaisers dein Leben aufs Spiel setzt."

„Friede und Ruhe im Land sind mehr wert als das Lehen eines alten Mannes!", erwidert Schall gleichmütig.

Als der Staatsrat ihn verlassen hat, nimmt der Priester den Schreibpinsel und verfasst eine Bittschrift, in der er seine Gründe darlegt.

„Schick' sie ihm zu!", beschwören ihn seine Mitbrüder. „Wenn der Kaiser ruhiger geworden ist, wird er sie lesen."

„Ich überbringe sie ihm selbst", antwortet Schall.

„Ich bin, bei Gott, kein Hasenfuss", erklärt der Flame Verbiest. „Aber ich würde es mir dreimal überlegen, ehe ich in die Höhle des Löwen ginge. Der Kaiser muss völlig den Verstand verloren haben."

„So will ich dafür sorgen, dass er ihn wiederfindet."

Shun-chih schaut finster auf, als der Jesuit vor ihm erscheint.

„Was willst du, Tang Jo-wang?", fragt er mit bedrohlicher Ruhe. Schall beugt sein Knie und überreicht die Bittschrift.

„Lies das, erhabener Herr!"

„Was du mir mitzuteilen hast, kannst du sagen. Da braucht es des Gepinsels nicht. Steh auf! Ich will nicht, dass du vor mir kniest."

„Du hast deinen Willen kundgetan, selbst ins Feld zu ziehen, erhabener Kaiser", spricht der Priester. „Ich verstehe dich wohl; denn auch ich entstamme einem Geschlecht, das zum Schwert griff, wenn es Zeit war."

„Du billigst also mein Vorhaben?"

„Ich sagte, dass ich es verstehe. Billigen kann ich es nicht. Du wagst nicht nur das eigene Leben, sondern das Glück deines Reiches und das Erbe deiner Söhne. Darum bitte ich dich, überlass den Feldzug einem deiner Prinzen oder Generäle. Ich beschwöre dich darum, nicht nur um deinetwillen, sondern auch um des Reiches willen."

Da verlässt den Kaiser die erzwungene Ruhe. Er fegt die Bittschrift vom Tisch, tritt mit geballten Fäusten auf den lästigen Mahner zu.

„Ich habe geschworen, den zu töten, der mir in den Arm fallen will!", schreit er mit überspringender Stimme.

„Ich habe nie gezögert, mein Leben für Recht und Wahrheit

zu opfern", entgegnet Schall, ohne zu weichen. „Töte mich, aber folge meinem Rat!"

Shun-chih verharrt einen Augenblick regungslos. Sein Atem geht in wilden Stößen. Dann fährt er sich über die Stirn, als wollte er einen bösen Traum verjagen, und in verändertem Ton sagte er: „Du allein hast es immer gut mit mir gemeint, Ma-fa! Sag mir, was ich tun soll!"

„Rüste ein starkes Heer! Gib den Soldaten einen guten Sold, und sie werden tapfer für dich kämpfen und deinen Feind zerschmettern."

Der Kaiser bleibt eine Weile unschlüssig. Er hat sich hingesetzt, die Stirn in seine Rechte gestützt. Jetzt erhebt er sich, lässt einen Gong ertönen und befiehlt dem eintretenden Höfling: „Die Anschläge an den Stadttoren sind zu entfernen. Ich will den Kriegsminister sehen."

Als der Beamte den Raum verlassen hat, wendet Shun-chih sich seinem Lehrer wieder zu und sagt: „Du hast recht, Ma-fa. Ich war zornig, und der Zorn ist ein schlechter Ratgeber. Du warst immer mein Freund und sollst es bleiben, solange ich lebe."

Es geschieht, wie der Priester geraten hat. Ein großes Heer zieht aus und schlägt den Piraten Cheng, der sich mit dem Rest seiner Getreuen auf eine Insel zurückzieht.

Seit jenem Tag scheint das alte Vertrauen zwischen dem Kaiser und seinem Lehrer wiederhergestellt zu sein. Shun-chih ruft ihn fast täglich zu sich oder überrascht ihn wie zu früheren Zeiten mit seinem Besuch. Mit ihm teilt er seine Freuden und Leiden.

Borjikin, die erste Kaiserin, erliegt in jenen Tagen ihrem schweren Siechtum. Shun-chih betrauert sie ehrlichen Herzens;

obschon er ihr nie vergeben hat, dass sie ihm keinen Sohn geschenkt, liebte er sie.

Pater Schall versäumt keine Gelegenheit, ihn an seine Regentenpflichten zu erinnern und zu Gerechtigkeit und Milde gegen seine notleidenden Untertanen zu mahnen. Der Kaiser, der früher einen armseligen Kuli kaum eines Blickes gewürdigt hätte, kümmert sich jetzt um das Wohlergehen seiner elendesten Landeskinder.

Eines Tages verfolgt er auf der Jagd, die ihn weit vor die Tore von Peking führt, einen Hirsch und entfernt sich bei verwegenem Ritt immer mehr von seinem Gefolge. Da trifft er in der Nähe eines Gehöfts einen alten Mann, der, in armselige Lumpen gekleidet und offensichtlich halb verhungert, Holz zerkleinert. Die Arbeit geht zweifellos weit über seine Kräfte.

„Es geht dir wohl nicht gut, mein Alter?“, fragt der Kaiser.

„Nicht gut, sagst du?“, seufzt der Mann und wischt sich den Schweiß von der Stirn. „Jämmerlich geht es mir. Einmal hatte ich einen schönen Hof mit Büffeln und Kühen und gutem, fruchtbarem Boden für Reis und Weizen. Aber der Ortsmandarin forderte immer neue Abgaben, die ich nicht zahlen konnte. Schließlich brachte er mich um all meine Habe. Jetzt hacke ich Holz, bis der Tod gegen mich selbst die Axt schwingt. Kann nicht mehr lange dauern.“

„Was bekommst du für deine Arbeit?“

„Ein Schüsselchen Reis jeden Tag. Sag selbst, Herr, kann man von einem Schüsselchen Reis leben?“

„Warum wendest du dich nicht an den Kaiser?“

„An den Kaiser? Wie soll denn der Kaiser einen armen Mann anhören? Der Kaiser sitzt in seinem goldenen Palast und hört die Seufzer der Armen nicht. Früher soll einmal ein Kaiser gelebt haben, der stellte eine Trommel vor das Tor seines Palastes, und wer in Not war, schlug auf die Trommel. Der Kaiser hörte den Ton, ließ den Armen zu sich führen und half ihm in seiner Not. Aber das ist wohl schon viele hundert Jahre her, und vielleicht ist es auch gar nicht wahr, sondern nur eine Geschichte, wie die Märchenerzähler sie sich ausdenken."

„Der Kaiser wird sich um dich kümmern. Komm mit, führe mich zum Ortsmandarin!"

„Herr, er wird zürnen, wenn ich meine Arbeit verlasse; denn nun bin ich sein Knecht."

„Er wird dir kein Leid antun."

Die entschiedene Sprache des jungen Fremden gibt dem Alten Mut. So führt er ihn zum Haus des Dorfgewaltigen. Als der Kaiser mit dem Schwertknauf gegen das Tor donnert, erscheint die Frau des Mandarins und ruft keifend: „Wer wagt es, solchen Lärm zu machen, wenn mein Mann schläft?"

„Ich will ihn sofort sehen!", gebietet Shun-chih.

„Er wird gerade für einen jungen Laffen wie dich aufstehen!", höhnt das Weib. Dann erblickt sie den Holzhacker und kreischt: „Warum bist du nicht bei deiner Arbeit, du Faulpelz? Denkst du, wir mästen dich umsonst mit dem teuren Reis? Pack dich fort! Und du, junger Fant, scher dich zum Teufel!"

Unterdessen ist das Jagdgefolge herangekommen und wird Zeuge der seltsamen Szene.

„So redest du mit dem Kaiser?", fährt einer der Prinzen die keifende Frau an.

„Mit dem Kaiser?", stammelt, zu Tode erschrocken, die Frau. „Ich konnte das nicht wissen! Natürlich hole ich sofort den Mandarin."

Es war der letzte Schlaf, den der ungetreue Beamte gemacht hat. Der Kaiser lässt ihm vor der Tür seines eigenen Hauses den Kopf abschlagen. Den alten Holzfäller aber ernennt er zu seinem Nachfolger und lässt ihm all seine Habe zurückgeben.

„Er wird ein guter Mandarin sein!“, sagte er. „Denn er kennt die Not der Armen und wird ihnen nicht den letzten Bissen Brot vom Munde wegstehlen, wie dieser da es getan hat.“ Dann deutet er auf den entseelten Leib des Gerichteten. „So wird es von nun an jedem ergehen, der meine Untertanen bedrückt und sich an ihrer Not bereichert.“

„Der Mann bist du!"

Eine böse Geschichte geht um im Land. In allen Teehäusern erzählt man sie, in allen Gassen raunt man sie sich in die Ohren.

„Shun-chih hat das Weib eines verdienten Offiziers verführt. Dem rechtmäßigen Gatten blieb das Ärgernis nicht verborgen, und ergrimmt stellte er sein Weib zur Rede. Die Ehebrecherin berichtete davon dem Kaiser, und der Sohn des Himmels züchtigte ihn mit einer Ohrfeige. Ob dieser Schmach hat sich der Offizier mit einer seidenen Schnur erwürgt."

Als Pater Schall von dem Vorkommnis erfährt, macht er sich unverzüglich auf den Weg zum Palast. Shun-chih empfängt ihn mit gewohnter Huld.

„Was wünschest du, Ma-fa?", sagt er freundlich. „Komm, setz' dich zu mir! Ich will mit dir plaudern."

„Ich will dir eine Geschichte erzählen", antwortet Schall mit ernster Stimme.

„Eine Geschichte? Hoffentlich ist sie wahr!"

„Sie ist wahr; denn sie steht in Gottes eigenem Buch. Also höre zu! Vor vielen hundert Jahren lebte ein großer König. Der war gerecht und weise, aber er vermochte das Feuer in seinem Blut nicht zu behüten. So fiel er in tiefe Schuld. Eines Tages erblickte er die Frau eines seiner Offiziere und entflammte zu ihr in Leidenschaft. Den Offizier schickte er ins Feld und sorgte dafür, dass er aus dem Kampf nicht heimkehrte, nahm dessen Frau zur Gemahlin und zeugte mit ihr einen Sohn."

„Wie hieß der König?"

„David hieß er. An seinem Hofe aber lebte ein Prophet Gottes namens Nathan. Der trat vor den König hin und sagte: ‚Ich will dir eine Geschichte erzählen. Zwei Männer lebten in einer Stadt. Der eine war reich und hatte große Herden. Der andere besaß nichts als ein einziges Lamm, das er sehr liebte. Der Reiche nahm dem Armen das Lamm und bereitete daraus ein Mahl.' Da sprang der König auf und rief zornig: ‚Bei Gott, wer ist dieser Mann? Sag' mir seinen Namen; denn er soll sterben.'"

„Nun, und was antwortete der Prophet?"

„Der Mann bist du!" Lange schwebt das Wort im lastenden Schweigen.

„Und wie geht die Geschichte weiter?", fragt der Kaiser mit unsicherer Stimme.

„Gott strafte den König, obwohl er Buße tat. Der Knabe, den ihm die Frau gebar, musste sterben."

„Warum erzählst du mir diese Geschichte?", fragte Shun-chih, den Blick zu Boden gesenkt.

„Du weißt es; denn du hast gesündigt, wie David gesündigt hat, und deine Schuld ist offenbar vor allem Volke."

„Ich habe den Offizier, dessen Frau ich nahm, nicht getötet und nicht töten lassen. Der törichte Mann gab sich selbst den Tod."

„Du hast ihn in den Tod getrieben, Herr! Sag selbst, ob deine Sünde kleiner ist!"

„Der Kaiser ist Herr über all seine Untertanen. Er darf sich zur Frau nehmen, wen immer er will!", sucht Shun-chih sich zu verteidigen.

„Die Frau eines anderen darf auch der Kaiser nicht nehmen!", widerspricht der unerbittliche Mahner.

„Geh jetzt, lass mich allein! Ich will allein sein, hörst du, Tang Jo-wang?“ Bei der Tür aber ruft er den Priester zurück und sagt heiser: „Bete für mich, Ma-fa, dass mich das nicht trifft, was über den König David kam.“

„Ich will Gott darum bitten“, nickt Pater Schall. „Aber ich weiß nicht, ob der Herr das Gebet seines Dieners erhört.“

Die Frau, die Shun-chih zur Kaiserin erhoben hat, schenkt ihm einen Knaben. Aber sie stirbt, als sie ihm das Leben gibt, und auch das Kind liegt am gleichen Tag auf der Totenbahre.

Des Kaisers Schmerz kennt keine Grenzen. Dreißig Eunuchen und Hofdamen müssen sich auf seinen Befehl selbst entleiben, damit es den Verstorbenen nicht an Dienern fehlt. Das ganze Reich muss trauern, das Volk drei Tage, die Mandarine einen Monat. Der Kaiser verfällt nun ganz dem Einfluss der Bonzen. Er lässt die berühmtesten Lamas aus Hankou kommen, die nun ständig an seinem Hof weilen. Wie Mönch lässt er sich das Haar scheren und wäre wohl in ein Bonzenkloster eingetreten, wenn seine Mutter ihn nicht daran gehindert hätte.

Pater Schall ist der Weg zum Hofe versperrt. Die Feinde des Christentums wagen sich offen aus ihrer Verborgenheit hervor. Die Bonzen verfassen eine Anklageschrift wider die Jesuiten. Ein Astronom namens Yang Kuang-hsien, der Pater Schall tödlich hasst, veröffentlicht ein Büchlein, das er „Widerlegung der schädlichen Lehre“ nennt. Er lästert darin Christus und seine Kirche und verhöhnt die Lehre vom Kreuz. Die Anhänger dieses Glaubens bezeichnet er als eine gefährliche Verschwörerbande, die Kaiser und Reich bedrohen. Pater Schall bittet den Kaiser brieflich um Schutz gegen die Verleumder. Shun-chih liest das Schreiben in schlafloser Nacht. Schließlich bedauert er, den einst so geliebten Lehrer verstoßen zu haben, und stellt ihm einen huldvollen Brief zu, in dem er aufs Neue seine Verdienste anerkennt. Die Botschaft lautet:

„Dein Gesetz hat sich schon weit ausgebreitet. Durch deine Bemühungen ist die astronomische Wissenschaft bekannt geworden. So arbeitest du, Tang Jo-wang, für das Reich. Wie sollte da das Herz des Kaisers nicht hocherfreut sein! Du, Jo-wang, weißt, wie man das Reich regieren soll. Komme daher sofort zu mir, um darüber zu sprechen! Jo-wang, bewahre meine Worte im Herzen!"

Gerührt schließt der Kaiser den Freund, der bald darauf vor ihm erscheint, in seine Arme.

„Ich habe Angst, Ma-fa!", gesteht er ihm im Laufe des Gesprächs. „Darum ließ ich dich zu mir rufen. Ich spüre, dass ich nicht mehr lange leben werde. Der Tod geht um in Peking."

„Du meinst die Blattern, Herr?"

„Ja, diese scheußliche Seuche!", nickt der Kaiser. „Ich fühle, sie wird auch mich erwürgen. Höre, wenn ich sterbe, soll mein Sohn Kang-hsi mein Erbe sein. Er hat die Blattern schon gehabt, und die Seuche kann ihm nicht mehr gefährlich sein. Darum soll er mein Nachfolger sein."

„Du bist noch nicht dreiundzwanzig Jahre alt, Shun-chih, und redest vom Sterben?"

„Ja, ja, vom Sterben!", stöhnt der Herrscher. „Oh, diese unselige Stadt! Wäre ich in der mandschurischen Steppe geblieben! Könnte ich zu ihr heimkehren, dann hätte der Tod keine Gewalt über mich."

„Auch ich kam aus der klaren Luft meiner Heimat hierher", antwortet Schall. Dann erzählte er, um seinen Herrn auf andere Gedanken zu bringen, von Köln und seinem gewaltigen Dom, von seiner glücklichen Jugend in der herrlichen Stadt am

Strom, von seinen Eltern, die längst schon der Rasen deckt.

„Auch ich möchte an ihren Gräbern beten und dahin zurückkehren, wo ich als Knabe fröhlich war. Aber ein Bote Gottes darf nicht zurückschauen in das Land, das er verließ. Und ein Kaiser darf es ebenso wenig. Peking ist deine Stadt!"

„Ja, ja, ich weiß!", röchelt der Kaiser. „Aber ich weiß auch, dass diese Stadt mich töten wird."

„Die Seuche trifft den zuerst, der sich vor ihr fürchtet. Hab Mut, Shun-chih, so wird sie dir kein Leid tun!"

„Bete für mich, Ma-fa, wenn ich nicht mehr bin!", beschließt der Kaiser die Audienz.

Das Jahr 1661 zieht mit den üblichen Freudenfesten ins Land. Der Kaiser übersendet seinem Lehrer mit einem Narzissensträußlein und roter Glücksschleife einen Fächer, den er selbst bemalt hat.

Wenige Tage später erkrankt er wirklich an der verheerenden Seuche. Pater Schall eilt unverzüglich zum Palast und bittet unter Tränen, zum Kaiser geführt zu werden.

Shun-chih rührt diese Treue, doch lässt er dem Priester ausrichten, er würde ihn rufen, sobald er sich wohler fühle. Schall übersendet dem Kaiser eine Schrift, die vom Tod und dem ewigen Leben handelt. Shun-chih lässt sie sich vorlesen.

„Er ist der Einzige, der mich wirklich liebt!", ruft er ergriffen aus. „Sobald mir wohler ist, soll er zu mir kommen Und mir die Lehre erklären, an die er glaubt. Jetzt aber will ich ihn nicht sehen, so sehr auch mein Herz nach ihm verlangt. Der alte Mann könnte selbst an der Seuche erkranken."

Nach dreitägigem Leiden verscheidet der Kaiser am 6. Februar 1661, als die Sterne die Mitternacht anzeigen.

Pater Schall weint um ihn in trostlosem Schmerz.

Nach dem Willen des Verstorbenen wird sein Sohn, der siebenjährige Kang-hsi, zum Nachfolger bestimmt. Vier Prinzen erwählt der Staatsrat für die Zeit seiner Unmündigkeit zu Regenten. Einer von ihnen, Suksaha, ist ein erbitterter Christenhasser. Dennoch behandeln die Regenten Pater Schall mit höchster Auszeichnung. Bei seinem Antrittsbesuch reicht man ihm den Ehrentrunk aus Wein und Milch und verleiht ihm den Titel „Lehrer des Kaisers".

Besonders die Großmutter des neuen Herrschers erweist ihm ihre Gunst, sendet ihm reiche Geschenke und bittet ihn, für den Verstorbenen zu beten.

„Ich hatte große Sorge für unsere Arbeit", gesteht Pater Verbiest dem Mitbruder. „Aber es ist offensichtlich auch jetzt alles in bester Ordnung."

„Du kennst die asiatische Maske noch nicht!", seufzt Pater Schall. „Wer vermag dahinter das wahre Gesicht zu erkennen?"

„Solange du bei uns bist, ist keine Gefahr!", versichert der, Flame herzlich.

„Wir werden sehen!", zuckt Pater Schall die Achsel.

In Ketten

Pater Schall starrt in die Dunkelheit, lauscht auf die Stimmen der Nacht. Von den Ufern des Peiho her dringt der Lärm des Drachenbootfestes. Hie und da huscht ein Lampion an dem geöffneten Fenster vorüber. Schwatzen und Lachen ertönt, verliert sich wieder in der Weite. Hunde bellen, die sich wohl um eine Beute raufen. Von den geschweiften Dächern der nahen Pagode bimmeln die Windglöckchen. Zuweilen hört der Priester den Schall der Klangteller und Pauken aus den Musikbooten, die das Wettrudern der von hundert Laternen erhellten Drachendschunken begleiten.

In wilden Stößen geht der Atem des Schlaflosen. Immer drückender empfindet der Zweiundsiebzigjährige die Last seiner Jahre. Trotz des offenen Fensters glaubt er ersticken zu müssen. In dicken Perlen steht ihm der Schweiß auf der Stirn. Die Nacht hat die unerträgliche Sommerhitze kaum abgekühlt, und die schwüle Luft umklammert mit würgendem Griff das todmüde Herz.

Pater Schall spürt die Nähe des Todes, seit ihn vor etlichen Wochen ein Schlaganfall niedergeworfen hat. Die rechte Seite ist gelähmt, und seine Zunge vermag kaum zu lallen. Dazu quälen ihn schwere Sorgen. Zwar hat die Mission in den Regierungsjahren des verstorbenen Kaisers sich in Peking und im ganzen Reich herrlich entwickelt. Im Osten der Hauptstadt haben die Jesuiten eine zweite Residenz gründen können, und eine Schar wackerer Mitbrüder steht ihm, dem Ordensoberen von Peking, zur Seite. Indes fehlt auch nicht der unheimliche Sämann, der Unkraut unter den Weizen streut.

Der alte Yang Kuang-hsien bekämpft das Christentum mit tödlichem Hass. Bei Eunuchen und Bonzen findet er willfährige Helfer. Prinz Suksaha unterstützt den dämonischen Mann offensichtlich und verschafft seinen Anklagen auch bei den übrigen Regenten Gehör.

Die portugiesischen Patres Buglio und Magalhães, die in der Ostniederlassung wohnen, haben unter dem Titel „Ursprung und Ausbreitung des göttlichen Gesetzes" eine Antwort auf Yangs Schmähschriften verfasst, der zwei chinesische Mandarine, Dr. Li Tsu-pe vom Astronomischen Amt und Dr. Hü Shihhsien, Empfehlung und Vorwort mit auf den Weg gaben. Schalls Diener Pan und der Eunuch Paul Hü-kung verbreiteten die Schrift in der Stadt.

Dennoch war Schall erschrocken, als er die Schrift, die in der Zeit seiner schweren Erkrankung entstanden war, las. Die Verfasser nannten darin die Weisheit Chinas ein schwaches Lampionlicht neben dem Sonnenglanz der christlichen Lehre. Das musste die Eitelkeit der Chinesen aufs empfindlichste treffen. Die Folgen dieser Unklugheit waren nicht abzusehen.

Jetzt, drei Jahre nach des Kaisers Tod, scheinen die Dinge für die Mission eine schlimme Wendung zu nehmen.

Bis in die Morgenstunden quälen den Priester die marternden Gedanken. Endlich klopft es an seine Tür. Über das bleiche Gesicht des Kranken huscht ein Lächeln, als er den Eintretenden erkennt. Es ist Tang Shihlung, sein Adoptivenkel, nunmehr ein schmucker Jüngling von sechzehn Lenzen, seit drei Jahren Schüler des kaiserlichen Kollegs.

„Wie geht es dir, verehrungswürdiger Großvater?“, fragt er höflich mit tiefer Verneigung. Pater Schall winkt ihn zu sich. „Hast du wieder nicht geschlafen?“ Sorgsam wischt der Junge ihm den Schweiß von der Stirn. „Ich war auf dem Drachenbootfest, Großvater“, berichtet er lebhaft. „Es war großartig. Eine Unmenge von Lichtern und Laternen! Und die vielen Menschen am Ufer! Sie drängten sich fast in den Fluss. Man wettete, welches der Drachenboote siegen würde, und ein Spaßmacher rief, der Kampf sei fast so spannend wie der zwischen den beiden Alten Yang Kuang-hsien und Tang Jo-wang! Ist das nicht zum Lachen, Großvater? Ganz Peking verfolgt euren Streit mit größter Anteilnahme. Die einen halten zu dir und nennen dich den Retter Pekings, die anderen ...“

„Die anderen?“, lallt der Gelähmte.

„Die anderen stehen eben auf der anderen Seite, verehrungswürdiger, alter Großvater. Übrigens hat Yang das Fest für seine Sache auszunützen verstanden. Tausende kleine Büchlein ließ er unter die gaffende Menge verteilen. Ich habe auch eines erwischt. Hier ist es!“

Zitternd greift Schall mit der gesunden Linken nach dem gelben, mit dem Drachenbild geschmückten Bändchen, das auf bestes Papier gedruckt ist.

„Pu-te-i“, lautet der Titel. „Ich kann nicht schweigen.“ Der Priester blättert darin herum, liest hie und da einen Abschnitt. Es handelt sich um eine Antwort auf die Verteidigungsschrift der portugiesischen Patres. Geschickt greift Yang vor allem jene Stelle heraus, die den chinesischen Stolz empfindlich verletzt. Christus nennt er einen Rebellen wider den Kaiser, den man zu Recht ans Kreuz geschlagen habe, und fordert die Ausweisung aller Missionare, die nur nach China gekommen seien, das

Volk gegen den erhabenen Drachenthron aufzuwiegeln.

Seufzend lässt Schall das Machwerk sinken. „‚Ich kann nicht schweigen', nennt Yang sein Büchlein. Ich kann nicht sprechen!", sinnt der Priester schmerzlich. „Nicht einmal ein einziges Schriftzeichen kann meine gelähmte Hand malen."

Sein Enkel bringt ihm auf einem schwarzen Lacktablett eine Tasse Tee und einige Zwiebacks, flößt ihm sorglich das erfrischende Getränk ein. Später kommt Pater Verbiest. Schall zeigt ihm die neue Hetzschrift, deutet auf ein paar Zeilen.

„Da hat der Alte mal wieder ein rechtes Schurkenstück geliefert!", ruft der Flame. „Aber nimm's nicht so schwer! Der kluge Pater Buglio wird um eine Antwort nicht verlegen sein. Auf jeden Topf passt ein Deckel, sagt man im Flamenland."

Schall seufzt schwer. Er möchte dem Mitbruder erklären, wie unklug die Portugiesen den chinesischen Stolz getroffen haben, aber er vermag nur ein paar unverständliche Worte zu lallen.

„Buglio wird dir die Antwort zeigen, ehe er sie in Druck gibt", beruhigt Verbiest den Kranken, seine Gedanken erratend.

Schall nickt mehrmals mit dem Kopf.

Die Entgegnung lässt nicht lange auf sich warten. „Ich widerspreche, weil ich nicht schweigen kann" heißt der Titel des Büchleins, das bald in ganz Peking gelesen wird.

Der glühende Sonnenball geht seinem Ende zu. Pater Schall kann das Bett verlassen, muss aber, einer Bewegung kaum fähig, die ganze Zeit im Sessel zubringen.

Die Regenten haben inzwischen die wiederholten Anklagen Yangs aufgegriffen und machen den Patres wie ihren chinesischen Helfern den Prozess. Das Kultusministerium soll sich mit der Sache befassen. Angeklagt sind die Patres Schall und Verbiest vom Westkolleg, Buglio und Magalhães von der Ostresidenz, die Beamten Dr. Li-Tsupe und Dr. Hü Shih-hsien, sowie Schalls Diener Pan und der Eunuch Paul Hü-kung.

Am 26. September 1664 findet im großen Saal des Kultusministeriums die erste Sitzung statt. Von seinen Mitbrüdern gestützt, schleppt sich der gelähmte Pater vor das Tribunal. Zum großen Verdruss seiner Richter erscheint er in seiner scharlachroten Robe mit dem Bild des fliegenden Kranichs, das ihn als Mandarin des Himmels kennzeichnet. Wer von den Angeklagten aufgerufen wird, hat sich auf die Knie niederzuwerfen, um Rede und Antwort zu stehen. Nicht einmal dem Gelähmten erspart man die Tortur. Pater Verbiest muss ihn dabei stützen, sonst wäre er völlig zusammengebrochen. Der Flame führt auch für ihn, der kaum ein paar Worte stammeln kann, die Verteidigung.

Die Anklage begründet der alte Yang Kuang-hsien, ein siebzigjähriger Greis von kleinem, verkrümmtem Wuchs, mit pergamentartig zerknittertem Gesicht, stechenden, unruhig flackernden Augen.

Am ersten Tag behandelt man den Vorwurf, Tang Jo-wang habe nur deswegen die Leitung des Astronomischen Amtes übernommen, um durch seinen Einfluss die verderbliche Lehre des Gekreuzigten verbreiten zu können.

Die Antwort fällt Pater Verbiest nicht schwer.

„Tang Jo-wang hat das Amt nur auf ausdrücklichen Befehl des Kaisers übernommen. Den Beweis liefert die Inschrift, die der erhabene Herrscher Shun-chih vor der christlichen Kirche anbringen ließ."

Betreten schweigen die Richter. Gegen ein Wort des Kaisers gibt es keinen Einspruch. Der alte Yang aber lässt sich nicht aus der Fassung bringen. Immer neue Anklagen bringt er vor.

Stunde um Stunde zieht sich die Verhandlung hin. Als man die Sitzung endlich vertagt und die Angeklagten entlässt, ist Pater Schall über und über in Schweiß gebadet. Dennoch lässt er sich zuerst in seine Kirche tragen und segnet mit stummer Gebärde die weinenden Christen.

Zwölf Tage dauert die Untersuchung, zwölf Tage unerhörter körperlicher Marter und seelischer Qual für den Gelähmten, der selbst auf alle Anklagen kein Wort zu erwidern vermag. Der alte Yang bezeichnet ihn als Haupt einer Verschwörerbande. Man erhebt gegen ihn und seine Mitbrüder Anklage auf Hochverrat.

„In Macao stehen dreißigtausend Soldaten bereit, auf einen Wink Tang Jo-wangs in das Reich einzufallen!", schreit der Verleumder. „Außerdem warten in Europa riesige Armeen auf das gleiche Signal."

„Macao hat nur eine winzige Bevölkerung und wenige Soldaten", erwidert Verbiest. „Der Weg von Europa nach China beträgt viele Monate. Das Gericht mag glauben, dass die Fürsten des Westens andere Sorgen haben, als gegen das Reich des Himmels zu kämpfen."

„Lauter Lügen! Abgefeimte Lügen!", zetert Yang. „Die erlauchten Richter sind zu klug, um sich von diesen Betrügern Sand in die Augen streuen zu lassen."

Der zweite Teil der Anklage nennt das Christentum eine schändliche und verwerfliche Religion. Pater Buglio übernimmt es, die törichte Behauptung zu entkräften.

Endlich vertagt das Gericht sich auf einige Wochen. Der alte Yang nützt die Zeit wahrlich gut. Hoch zu Ross reitet er durch die Stadt, wirft Flugzettel unter die Menge. Durch reichliche Bestechungen weiß er die Richter und die Eunuchen des Hofes zu beeinflussen.

Als das Gericht am 12. November wieder zusammentritt, erklärt man die Angeklagten für verhaftet. Schall, sein Diener Pan und die beiden chinesischen Literaten werden zu Einzelhaft verurteilt, aber als Beamte nicht gefesselt. Den übrigen Jesuiten und dem Eunuch Paul Hü legt man je neun Ketten an, drei um den Hals, drei um die Hände, drei um die Fülle. Dann schleppt man alle ins Gefängnis des Kultusministeriums. Die Gefesselten bindet man mit ihren Halsketten an Holzpflöcke. Sie können weder stehen noch sitzen, müssen schon wegen des schweren Gewichts ihrer Ketten ständig auf dem Boden liegen. Die vier Beamten haben je eine Wache von fünf Mann, die nie von ihrer Seite weichen.

In dem elenden, schmutzigen Verlies leidet Schall unsäglich. Er vermag die schlechte Luft kaum zu atmen, und wenn er wirklich für kurze Zeit einschläft, weckt ihn das Ungeziefer, von dem die Schlafmatte wimmelt.

Indessen fehlt es nicht an warnenden Zeichen. Am Tag nach der Verhaftung erscheint ein Komet am Himmel, den die Chinesen als Unglücksboten ansehen. Drei Tage später rast ein Sandsturm über die Stadt. Über den ganzen Horizont spannt sich eine Decke gelben Dunstes, der von der Wüste Gobi herüberweht. Er verwandelt die Sonne in eine blaue Scheibe, die ganz Peking mit geisterhaftem Licht erschreckt. Es gibt viele, die diese Vorgänge als Drohung des Himmels deuten. Selbst die Soldaten, die die Gefangenen bewachen, zeigen sich geängstigt.

„Wir tun schließlich nur unsere Pflicht, Tang Jo-wang“, erklären sie dem Priester. „Das siehst du doch ein, nicht wahr? Der Himmel kann uns dafür nicht strafen.“

„Euch trifft keine Schuld!“, beruhigt der Gelähmte mit schwerer Zunge.

Am dritten Weihnachtstag verkündet das Gericht das Urteil. Schall wird folgender Verbrechen für schuldig erklärt: Er lehrt, Christus, ein gekreuzigter Verbrecher, sei der Herr des Himmels. Er hat jährlich Hunderte von Chinesen getauft. Er unterhält hochverräterische Beziehungen zu den Portugiesen in Macao und den Fürsten des Westens. Darum verliert er all seine Würden und Titel und wird dem Justizministerium zu gerechter Bestrafung übergeben.

Die übrigen Angeklagten werden der Teilnahme an den gleichen Verbrechen beschuldigt. Schalls Diener Pan wird als Militärmandarin dem Kriegsministerium übergeben. Alle Missionare in China sind zu verhaften und in Ketten nach Peking zu bringen. Die christlichen Kirchen sind zu zerstören mit Ausnahme des Gotteshauses, das mit kaiserlichen Mitteln gebaut und durch eine Gedenksäule ausgezeichnet worden ist.

Das ist nichts anderes als das Signal zu einer großen allgemeinen Christenverfolgung.

Die Regenten bestätigen das Urteil. Nur habe die Zerstörung der Kirchen einstweilen zu unterbleiben.

Der Kerker im Justizministerium ist ein Ort wahren Grauens. Mit Dieben, Räubern und Mördern werden die Gefangenen eingesperrt. Das Fluchen und Lästern der Verbrecher, das Stöhnen unglücklicher Menschen, denen die Folter Geständnisse erpresst hat, raubt den Gefangenen den Schlaf. Einige der auf der Tortur Gemarterten sterben im Gefängnis. Ihre Leichen, die man oft tagelang liegen lässt, verpesten die ohnehin fürchterliche Luft.

Pater Schall, der nun ebenfalls neun Ketten trägt, liegt, fast unfähig, sich zu regen, am Boden und ringt mit keuchenden Lungen nach Atem.

Am 5. Januar verkündet man den Gefangenen ihr Urteil. Pater Schall soll nach einer längeren Kerkerhaft erdrosselt werden, jedoch nur dann, wenn seine Schuld erneut klar bewiesen wird. Die übrigen sollen hundert Stockschläge erhalten und aus Peking verbannt werden. Indessen soll ein neues Gericht noch einmal die Prozessakten eingehend studieren.

„Wenn sie sich nicht beeilen, würgt mich die Atemnot früher als der Henker", keucht Pater Schall, als er das Urteil vernimmt.

„Du bist noch zu beneiden", lächelt der Flame Verbiest. „Hundert Stockschläge machen einen zum Krüppel auf Lebenszeit. Der Tod ist das leichtere Los. Auf jeden Fall wäre er das vollendete Martyrium."

Die letzte Instanz, das Kollegium der drei höchsten Richter des Reiches, beschließt vor allem, jenen Teil der Anklage zu prüfen, der überhaupt noch nicht zur Verhandlung gekommen ist. Er beschuldigt Schall der Verbreitung falscher astronomischer Lehren.

Darüber will man sich auf einfache Weise Klarheit verschaffen. Für einen der nächsten Tage erwartet man eine totale Sonnenfinsternis. Die chinesischen Sternkundigen haben dafür die Zeit um 2.45 Uhr berechnet, die Mohamedaner 3 Uhr, die Jesuiten 3.26 Uhr. Nun wohl! Mag der Himmel selbst erweisen, wo die tüchtigsten Astronomen stecken!

Die Jesuiten werden in ihren Ketten in einen Raum geführt, von dem aus sie die Vorgänge am Himmel beobachten können. Ein paar Beamte sind zugegen, die genauen Feststellungen zu treffen. Man löst Schalls Handfesseln, so dass er durch ein geschwärztes Glas die Sonne sehen kann.

„Jetzt ist die Zeit der Chinesen!", verkünden die Beamten

um 2.45 Uhr. Aber nichts geschieht. Die Sonne leuchtet fort in ihrer winterlichen Klarheit.

„Jetzt ist die Zeit der Mohammedaner!“, heißt es eine Viertelstunde später. Aber auch jetzt geschieht nichts.

Schall betet im stillen, Pater Verbiest, der die Berechnungen gemacht hat, möge sich nicht geirrt haben.

„Jetzt ist deine Zeit, Tang Jo-wang!“, ruft der Zeitmesser.

Im gleichen Augenblick beginnt die Sonne sich zu verfinstern. Der Schatten des Mondes kriecht langsam über das leuchtende Gestirn, bis er es ganz verhüllt.

„Großartig! Auf die Minute!“, rufen die Beamten in ehrlicher Begeisterung.

„Gott sei Dank!“, murmelt Peter Schall unhörbar.

Die Beamten lassen den Gefangenen zur Anerkennung Tee reichen, sie dann aber wieder in den Kerker bringen.

„Ich habe tausend Ängste ausgestanden!“, bekennt der Flame. „Die Finsternis kam in Wirklichkeit fünf Minuten früher, als ich berechnet habe, aber der Zeitnehmer hat in der Aufregung seinen Chronometer nicht richtig angeguckt und unsere Zeit genau um fünf Minuten zu früh abgerufen. Glück muss man haben!“

„Ich habe immer gesagt, dass du nicht richtig rechnen kannst!“, lächelt Schall gutmütig. Die kurze Zeit am Fenster hat ihm wohlgetan.

„Glaubst du, dass die Sonnenfinsternis uns rettet?“, fragt Verbiest, der mit Schall an den gleichen Pflock gekettet ist.

„Nein, ich glaube das nicht! Sie reinigt uns ja nicht von den anderen schweren Beschuldigungen.“

Monatelang schleppt sich der Prozess hin.

Schall leidet unsäglich. Mehrmals am Tag verliert er die Besinnung. Selbst die Wächter haben Mitleid mit ihm, geben ihm wärmende Decken und lösen seine Ketten bis auf die Halsfesseln.

Inzwischen füllt sich das Gefängnis mit anderen Missionaren, Jesuiten, Dominikanern und Franziskanern, die man aus den Provinzen nach Peking gebracht hat. Die Zeit der Katakomben scheint wiedergekommen zu sein. Gefasst und ruhig erwarten die Eingekerkerten ihr Urteil. Sie fürchten den Tod nicht, wird er ihnen doch die höchste Vollendung eines Missionslebens bringen, das Martyrium.

In der Karwoche ergeht das endgültige Urteil. Pater Schall soll mit dem Tode bestraft werden, doch soll er nicht erdrosselt, sondern durch die grausamste Art, die das chinesische Gesetz kennt, die Zerstückelung, hingerichtet werden. Während mehrerer Tage sollen ihm Glied um Glied abgehauen werden, während das Blut durch Eintauchen in siedendes Fett immer wieder zum Stillstand gebracht werden wird.

Die übrigen Gefangenen sollen mit hundert Stockschlägen und Verbannung davonkommen, außer Schalls Diener Pan, den das Kriegsministerium zur Enthauptung verurteilt hat.

Es fehlt nur noch die Bestätigung durch die Regenten.

„Nun kann euch nur noch der Himmel retten!", sagte einer der Wachsoldaten.

Die Verurteilten aber singen in ihrem Kerker das *Tedeum*, das Pater Schall mit kaum vernehmbarer Stimme intoniert.

Der Himmel greift ein

In der Nacht, die der Verkündung des grausamen Urteils folgt, erscheint am Himmel ein großer Komet. Voll heimlichen Grausens schauen die Einwohner Pekings zu dem flammenden Boten auf.

„Es ist nicht gut, einem Mandarin des Himmels Gewalt anzutun“, raunt man sich allenthalben zu. „Ihr seht doch selbst, dass der Himmel uns droht.“

„Als man ihn vor fünf Monaten ins Gefängnis warf, stand Gottes goldene Rute über unseren Häuptern. Dann kam der Sandsturm und löschte die Sonne aus. Und jetzt, nachdem sie Tang Jo-wang zur Zerstückelung verurteilt haben, ist der Komet wieder da. Er bedeutet Unheil! Ihr werdet sehen, ihr werdet sehen!“

„Ja, Unheil!“, kichert der alte Yang, der es liebt, die Teehäuser zu besuchen, um sich seiner Erfolge zu rühmen. „Unheil für den weißen Teufel. Ich möchte zusehen, wenn sie ihn zerhacken! Schön langsam, Glied um Glied!“

„Schweig, Yang Kuang-hsien!“, ruft ihm ein alter Teehändler zu. „Ich kenne dich von Nanking her. Erinnerst du dich noch, wie du deiner Verleumdungen wegen den Kang tragen und einen ganzen Monat mit dem Schandholz am Hals herumlaufen musstest? Nachher gaben sie dir fünfzig Stockschläge und jagten dich aus der Stadt. Das weiß ich von dir. Von Tang Jowang weiß ich nur Gutes.“

Der alte Mann erinnert sich nicht gern seiner Erlebnisse in Nanking. Er knurrt ein paar unverständliche Worte in seinen dünnen Bart, trinkt hastig seine Porzellanschale aus und hinkt davon.

Im Palast kommt es zu einer heftigen Auseinandersetzung zwischen der Mutter des verstorbenen Kaisers und Prinz Suksaha, dem Regenten. Auch Kang-hsi, der elfjährige Kaiser, wehrt sich entschieden, das Urteil anzuerkennen.

„Tang Jo-wang ist doch der, den mein Vater Ma-fa nannte!", sagt er unwillig. „Das ist doch der, der mir das Leben rettete, als ich beinahe schon tot war. Ist es nicht so, Großmutter? Du hast es mir doch selbst erzählt."

„Ja, mein kleiner Enkel!", nickt die Frau.

„Wenn du ihn tötest, Oheim, werde ich dir dafür den Kopf abschlagen lassen, sobald ich regiere!", droht der junge Kaiser.

„Aber der Staatsrat hat doch das Urteil gebilligt", erwidert Suksaha erbleichend. „Denke doch, erhabener Neffe, der ganze Staatsrat, zwanzig Prinzen, die vierzehn höchsten Räte, zwölf Minister, Mandschuren und Chinesen, acht Generäle und zweiundsiebzig Mandarine der obersten Rangstufen."

„Ich werde sie alle köpfen lassen!", blitzt Kang-hsi zornig auf.

„Der Beschluss des Staatsrates ist nicht umzustoßen", verteidigt sich der Regent, dem der kalte Schweiß auf die Stirn tritt. In ein paar Jahren würde der Knabe mündig werden. Es kann ihm wirklich den Kopf kosten, wenn Kang-hsi einmal regiert.

„Du wirst einen Weg finden, den Staatsrat umzustimmen", sagt die alte Frau entschieden. „Oder willst du warten, bis der Himmel es selber tut? Ist nicht der Schweifstern eine deutliche Mahnung?"

„Die Beamten des Astronomischen Amtes versichern mir, der Komet bedeute kein Unheil, sondern Glück für den Kaiser und seine Regenten."

„Und dabei klimpern die Silbertaler des alten Yang in ihren Taschen!", winkt die Kaiserin verächtlich ab.

In schweren Gedanken, zwischen Hass und Furcht schwebend, verlässt der Regent den Palast.

Drei Tage gehen hin. Für die Jahreszeit ist es außerordentlich schwül in Peking. Pater Schall leidet entsetzlich. Er bekommt fast keine Luft und wird immer wieder ohnmächtig. Dennoch ersehnt er das ihm angekündigte Martyrium mit Ungeduld.

Seine Leidensgenossen tun alles, sein Los zu lindern. Man hat durch einen christlichen Wärter ein Neues Testament beschafft, und immer wieder bittet Adam Schall den Flamen Verbiest, mit dem er an den gleichen Pflock gekettet ist, ihm daraus vorzulesen.

„Lies mir von Paulus im Gefängnis!", lallt der Gelähmte, der seine Zunge wieder ein wenig gebrauchen kann. Es ist Donnerstag, der 16. April, vormittags gegen elf Uhr, also um jene Zeit, die von den Chinesen die Stunde der Ratte genannt wird.

Wieder rast ein Sandsturm über die Stadt Peking, überzieht den Himmel mit gelbem Schleier, durch den das Licht der Sonne gespenstisch leuchtet. Seltsam, der Sturm ist nur in den Lüften. An den Bäumen regt sich kaum ein Blatt.

Pater Verbiest hat Mühe, bei dem schwachen Schein, der durch die vergitterte Luke fällt, die Buchstaben zu unterscheiden. Es ist eine deutsche Bibel, aus der er das sechzehnte Kapitel der Apostelgeschichte liest.

„- - - Da lief viel Volk wider sie zusammen, und die Obrigkeit ließ ihnen die Kleider abreißen und sie mit Ruten schlagen. Und nachdem sie sie mit vielen Streichen gezüchtigt hatten, warfen sie sie ins Gefängnis und geboten dem Kerkermeister, sie wohl zu verwahren. Auf diesen Befehl bin brachte er sie in das tiefste Verlies und schloss ihre Füße in einen Block."

Verbiest blickt von dem heiligen Buch auf. Unheimlich, das Sausen in den Lüften, das sich mit jeder Minute verstärkt!

„Lies weiter!", bittet Schall.

„Um Mitternacht aber beteten Paulus und Silas und lobten Gott, und die mit ihnen im Gefängnis waren, hörten sie."

Plötzlich, wie der Sturm gekommen ist, verstummt er. Aber die plötzliche Stille ist schier noch unheimlicher. Es ist, als hielte alle Kreatur den Atem an in Erwartung schrecklicher Dinge. Die Wächter stehen bleich im ungewissen Licht. Der Lärm in den Nachbarzellen verstummt. Man vergisst, zu fluchen und zu schelten, und die Gefolterten unterdrücken ihr Stöhnen. Es ist, als griffe aus dem fahlen Schweigen eine würgende Hand nach jedem Herzen.

„Lies weiter!", keucht Schall.

„Da entstand plötzlich ein starkes Erdbeben, so dass die Grundfesten des Kerkers erschüttert wurden, und sogleich öffneten sich alle Türen, und die Fesseln zersprangen. Als aber der Kerkermeister, der erwacht war, die offenen Türen des Gefängnisses sah, - - -"

Jäh unterbricht Verbiest die fromme Lesung. Ein seltsamer Ton, gleich ferner Meeresbrandung, fährt in die Stille. Aber er kommt nicht aus den Lüften, in denen kurz zuvor noch der Sturm gerast hatte, nicht von der Straße, in der jeder Lärm verstummt ist. Der grollende, orgelhafte Ton springt aus den Tiefen der Erde. Plötzlich geht ein Beben durch das alte Gemäuer.

Und wieder die unheimliche, lastende Stille.

„Still, sei still!", gebietet der Priester keuchend.

Minutenlang währt das drückende Schweigen.

„Vielleicht war es das Grollen eines fernen Gewitters", sagt endlich ein Wächter.

„Nein, es kam aus der Erde!", erwidert sein Kamerad mit erstickter Stimme. „Ich spürte das Wanken des Bodens unter meinen Füßen. Deutlich habe ich das gespürt."

Und abermals Stille, lautlose, herzlähmende Stille!

Dann bricht es los! Ein fürchterlicher Stoß lässt das Haus erdröhnen. Ein zweiter, noch stärkerer, folgt. Das ganze Gefängnis schwankt gleich einem Schiff im Sturm. Eine unsichtbare Faust schlägt klaffende Risse in die Mauer. Steine kollern zu Boden. Eine Wand stürzt zusammen. Einer der Wächter wird von ihr niedergeworfen. Die Windglöckchen wimmern von den Türmen der nahen Pagode. Soldaten taumeln samt ihren Bambusstöcken und Eisenspießen zu Boden.

Hundertfach gellt ein Schrei, Menschen heulen in Todesangst. Gefangene zerren an ihren Ketten. Steine brechen aus der Decke, verwunden etliche der Eingekerkerten.

Von der Straße her hallt das Lärmen der Menschen, die aus den berstenden Häusern ins Freie stürzen. Man hört das Tappen nackter Füße, den wilden Schrei niedergetretener Frauen und Kinder.

Und immer noch rast die Erde in allen Tiefen; bis endlich - ist es nach Stunden oder Minuten, wer kann das sagen? - das Getöse verstummt und sich das Beben grollend verzieht.

Pater Schall spricht feierlich: „Das war die Stimme des Himmels!"

In Peking herrscht das Grauen. Ganze Häuserviertel sind

zusammengestürzt. Alle Straßen sind voll von Trümmern, Balken, Steinen, umgestürzten Karren und Sänften. Brände flammen auf, erleuchten gespenstisch das Bild der Verwüstung.

Am schlimmsten wütete das Erdbeben in der Verbotenen Stadt. Paläste und Tempel brachen zusammen. Viele der Höflinge liegen erschlagen unter den rauchenden Ruinen.

Die alte Kaiserin hat sich mit Kang-hsi ins Freie retten können. „Das war die Stimme des Himmels!", stöhnt auch sie, den zitternden Enkel in ihre Arme schließend.

„Nun werden sie ihn nicht töten!", lallt der erschreckte Knabe.

Während der drei folgenden Tage wiederholen sich die heftigen Erdstöße, neue Verwüstung anrichtend, neue Opfer fordernd. Niemand wagt mehr, sein Haus zu betreten. Die kaiserliche Familie wohnt zwischen den Trümmern in Zelten.

Die Mahnung des Himmels war deutlich genug. Die Regenten und der Staatsrat gedenken, ihr grausames Urteil zu mildern, doch suchen sie nach einem Ausweg, der es ihnen möglich macht, ihr Gesicht nicht zu verlieren.

Am 19. April verkünden die Regenten eine allgemeine Amnestie. Nur die zum Tode Verurteilten bleiben davon ausgeschlossen. Pater Schall soll sterben. Nur wird eine mildere Todesart gegen ihn verhängt. Seine Mitangeklagten werden begnadigt und aus dem Kerker entlassen.

Pater Schall liegt nun, seiner Gefährten beraubt, in trostloser Einsamkeit. Dennoch bereitet er sich mit starkem Herzen auf den Martertod vor.

Aber noch einmal greift der Himmel ein. Am 29. April bricht in dem einzigen Palast, den das Erdbeben verschonte und in dem jetzt die kaiserliche Familie wohnt, ein Brand aus, der vierzig Gemächer in Schutt und Asche verwandelt. Nun ist es genug.

Am nächsten Tag erscheint ein Dekret, das Pater Schall freispricht, aber erst am Vorabend des Pfingstfestes öffnet man ihm den Kerker und lässt ihn in das Kolleg heimkehren. Im Triumphzug geleiten die Christen Pekings ihn in die Kirche, wo der Gelähmte das *Tedeum* anstimmt.

„Gott hat uns alle gerettet!", sagt Pater Verbiest, den alten Freund in seine Arme schließend.

„Er hielt mich nicht für würdig der Ehre des Martyriums!", antwortet Schall, und Tränen stehen in seinen Augen.

„Du wirst noch viel Großes für die Mission wirken", tröstet der Flame.

„Nein, mein Freund, ich kehre nur heim, um zu sterben!", entgegnet Schall schmerzlich lächelnd.

Völlig umgewandelt zeigt sich der Diener Pan. Das Gefängnis hat seinen törichten Stolz gebrochen.

„Ich habe viele Fehler begangen, ehrwürdiger Vater", erklärt er zerknirscht. „Gott hat mich dafür gestraft."

„Auch ich habe nur gelitten, was ich verdiente!", nickt der Priester.

Der junge Shih-lung, Schalls Adoptivenkel, hat während der Schreckenszeit seinen Freiplatz im kaiserlichen Kolleg verloren. Aber er nimmt es ohne Kummer hin.

„Nun kann ich immer bei dir sein und dich gesund pflegen!", sagt er herzlich.

Es singen die Sterne

Noch ist der Kelch der Leiden nicht bis zur Hefe geleert. Am zweiten Pfingsttag dringen Heiden in die Kirche, reißen die Altäre um, zerschmettern das Christusbild, vor dem Kaiser Shun-chih einst in Ehrfurcht sein Haupt gebeugt hatte.

In der folgenden Nacht schreckt Pater Schall aus kurzem Schlummer auf. Wüster Lärm hallt von der Straße her. Axtschläge dröhnen. Irgend etwas fällt krachend zu Boden.

Shih-lung stürzt ins Zimmer und ruft verstört: „Sie brechen ins Haus ein, Großvater!"

„Nein, mein Junge! Sie haben nur etwas zerschlagen, das vielen seit langem ein Ärgernis war, in letzter Zeit sogar mir!"

Die tobende Menge verläuft sich.

Am anderen Morgen bringt jemand ein Paket für Pater Schall. Als man es öffnet, findet man die Trümmer der zerschlagenen Ehrentafel, die der Kaiser einst vor dem Kolleg hatte anbringen lassen. Shih-lung fügt die Stücke zusammen und liest mit zuckenden Lippen:

„Die Geheimnisse des Himmels durchdringender Lehrer."

„Wirf die Scherben in die Müllgrube!", gebietet Pater Schall. Er ist ein gebrochener Mann. Das im Gefängnis schlohweiß gewordene Haar und der lange Bart umrahmen ein hageres, totenkopfähnliches Gesicht. Ihm liegt nichts mehr an der Herrlichkeit und dem Ruhm der Erde, weil er sich mit großem Ernst auf die Ewigkeit vorbereitet.

In den schwülen Sommernächten, wenn der Schlaf sein Auge flieht, hält er Abrechnung mit sich selbst und seinem Leben. Ach Gott! Alles war Stückwerk geblieben, zerschlagen wie die Marmortafel des Kaisers. Überall leiden die Missionare große Bedrängnis. Er kann sie nicht mehr schützen wie in früheren Tagen.

Nicht einmal die Fronleichnamsprozession, die während der letzten Regierungsjahre Shun-chihs mit großer Pracht durch die Straßen von Peking zog, hat man mehr wagen können. Man fürchtete die Verunehrung des Heiligsten.

„Es ist alles meine Schuld!", stöhnt der Kranke. „Ich habe mein Herz zu sehr an das Irdische gehängt und im Glanz der Ehren die Armut des gottgeweihten Lebens vergessen."

Nie wurde ein Europäer gleich ihm vom Kaiser des gewaltigsten Reiches erhoben. Mandarin des Himmels nannte man ihn. Er trug das Scharlachgewand, den Wappenvogel und den strahlenden Rubin als Zeichen seiner Würde. Aber was wiegen solche Nichtigkeiten auf der unbestechlichen Waage Gottes?

Nun geht das Leben zu Ende, und ihm ist, als träte er vor den ewigen Richter mit leeren Händen. In jenen gramvollen Nächten beschließt er zu sühnen, so viel er noch vermag.

„Nimm ein Blatt Papier, Tinte und Feder", fordert er eines Morgens den Pater Verbiest auf, „ich will dir etwas diktieren."

Der Flame, der glaubt, es handele sich um einen Brief, beeilt sich, dem Wunsch nachzukommen.

„Schreibe!", gebietet der Gelähmte mit unsicherer Zunge.

> „Hochwürdige Patres in Christo! Könnte ich doch vor euch hintreten, wie ich vor wenigen Monaten freudig um des Glaubens willen vor die heidnischen Richter trat, mit Ketten um den Hals, das Haupt zur Erde ge-

beugt und wie ein Schuldiger gefesselt, um demütig die Hände zu erheben und euch auf diese Weise die Reue und Zerknirschung meines Herzens kundzutun!"

„Aber lieber, ehrwürdiger Pater!", unterbricht der Flame erschüttert die Niederschrift. „Warum bist du so ungerecht gegen dich selbst?"

„Schreibe weiter!", gebietet Schall.

„Euch allen stelle ich mich heute vor und bekenne, dass ich in den vergangenen Jahren in vielem ein schlechtes Beispiel und Ärgernis gegeben habe, besonders meinen Oberen, deren Rat und Mahnung ich nicht immer befolgte. Ich klage mich vor allem an wegen allzu großer Nachsicht gegen meinen Diener, der fast allen, besonders aber den Mitbrüdern im gleichen Hause und in der gleichen Stadt, zum Stein des Anstoßes wurde, und für dessen Verhalten ich zum großen Teil die Verantwortung trage. Ich bin mir bewusst, dass ich entgegen dem Armutsgelübde viele Dinge nutzlos verbraucht, durch die Adoption des Sohnes meines Dieners zu meinem Enkel einer Unklugheit und eines Ärgernisses mich schuldig gemacht und die brüderliche Liebe namentlich gegen meine Mitbrüder in der Stadt verletzt habe.

In allen diesen und noch vielen anderen Dingen bekenne ich mich schuldig, und zerknirscht schlage ich an meine Brust, streue Asche auf mein weißes Haupt und neige es bis zur Erde. Ich wiederhole immer und immer wieder, so gut ich sprechen kann: durch meine Schuld, durch meine Schuld, durch meine größte Schuld.

Ich bitte euch, hochwürdige Patres, die mich heute, von schwerer Krankheit geschlagen, an Händen und

Füßen gelähmt und ans Bett gefesselt, sehen, überzeugt zu sein, dass ich, wie neulich vor dem Gericht, an Händen und Füßen gefesselt, in heiligem Gehorsam niederfalle, um als Schuldiger mit zerknirschtem Herzen den Urteilsspruch des Richters entgegenzunehmen. - - -

Wie die Barmherzigkeit Gottes mich bis zum heutigen Tage in der Gesellschaft seines Sohnes langmütig ertragen hat, so vertraue ich, dass sie im Hinblick auf eure Gebete und Verdienste mich auch bis zum Ende ausharren lässt und gnädig bewahren wird. Amen!

Peking, den 21. Juli 1665."

Mit seiner gelähmten Hand greift der Priester nach einem kleinen Tuschpinsel und unterschreibt mit großer Mühe das Dokument.

„Nun habe ich in dieser Welt nichts mehr zu bestellen!", haucht er, erschöpft auf sein Lager zurücksinkend.

Trotz allem gibt sich der alte Yang noch nicht zufrieden. Er bombardiert die Behörden aufs Neue mit Anklageschriften, verlangt die Ausweisung der Missionare in die tatarischen Steppen. Aber die Regenten, die den Zorn des künftigen Kaisers fürchten, legen die Beschuldigungen zu den Akten.

Einen Triumph noch hat der grauhaarige Intrigant. Er wurde als Nachfolger Schalls zum Direktor des Astronomischen Amtes bestimmt und verlangt jetzt das Haus seines Vorgängers, also das Jesuitenkolleg, als Amtswohnung. In diesem Punkt setzt er seinen Willen durch.

Am Martinstag müssen die Patres die Wohnung räumen. Es ist ein grauer Herbsttag, als Schall von den ihm so lieb gewordenen Räumen, mit denen sich so viele teure Erinnerungen verbinden, Abschied nimmt. Es regnet in Strömen, und die Kulis, die die Sänfte tragen, haben es eilig. Der Weg über die holperigen Straßen schmerzt den Gelähmten maßlos. Die Portugiesen in der Ostresidenz nehmen den todkranken Mitbruder mit aller Liebe auf.

Das neue Jahr zieht ins Land. Für Pater Schall bringt es neue Leiden. Der alte Yang gibt keine Ruhe. Er beschuldigt den Gelähmten, er plane einen Anschlag auf den jungen Kaiser, er habe den verstorbenen Kaiser Shun-chih, dessen Sohn und zwei seiner Frauen ums Leben gebracht. Die letzte Anklageschrift bezichtigt ihn einmal wieder der Verbreitung einer teuflischen Religion.

Dreimal noch muss Schall vor Gericht erscheinen. Man trägt ihn auf seinem Bett vor das Tribunal. Doch verteidigt Verbiest den Freund so geschickt, dass man ihn immer wieder entlassen muss.

Während der glühenden Sommermonate des Jahres 1666 verschlimmert sich das Leiden des Todgeweihten noch. Verzweifelt ringt er mit keuchenden Lungen nach Atem. Oft lässt er sich in seinem Bett auf die Straße tragen, da er glaubt, in dem geschlossenen Raume ersticken zu müssen.

Das Ende kommt am 15. August, dem Fest der Himmelfahrt Mariens. Längst hat er aus den Händen des flämischen Mitbruders die letzten Tröstungen der Kirche empfangen. Jetzt gehen seine Gedanken auf langen Wegen in die sonnigen Tage seiner Kindheit zurück.

Er sieht wieder die herrliche Stadt am Strom, die ragenden Hallen der Kathedrale.

Und Sankt Aposteln hebt die Türme vor ihm ins Licht. Aber die Sonne verliert ihren Schein. Es wird dunkel vor seinen Augen. Läutet nicht wieder die Totenglocke der Apostelkirche?

Tönt nicht von der Straße her das *Miserere* der Mönche? Oder sind es die Mitbrüder, die an seinem Lager den Bußpsalm sprechen?

Die Kerze flackert neben seinem Bett. Aber dem Sterbenden ist, als wandele sich die Klosterzelle in das stille Gemach daheim, und nicht er ist es, der da in den letzten Zügen liegt.

Er sieht die erlöschenden Augen seines Vaters, die ihn anschauen. Der Vater deutet auf die Kerze und der Knabe trägt sie zum Wappen des alten Rittergeschlechtes, dass es aufglüht in seiner herrlichen Zier, rot, blau und silbern bis zum krönenden Adler. „Hast du ihm keine Schande gemacht, Adam?", hört er des Vaters ernst forschende Frage.

„Ich weiß nicht, Vater!", antwortet der Fiebernde im wachenden Traum. „Das Leben hat mich so weite, schwere Wege geführt. Ich weiß es wirklich nicht, Vater. Aber nun komme ich zu dir, und du selbst sollst es mir sagen!"

Das Wappenbild der Schall von Bell verschwimmt. Aus dem Adler wird der chinesische Kranich mit den ausgespannten Flügeln.

„Es geht aufwärts zum letzten Flug!", scheint es ihm zuzuraunen: „Mandarin des Himmels, nimm Abschied von der Erde!"

Und auch dieses Bild schwindet hinter hundert Schleiern. Dann steigt ein anderes auf vor den Augen, die Irdisches kaum mehr einzufangen wissen.

Ein Strahlen wie von tausend Sternen ist um ihn. Unzählige Male hat Adam Schall zu ihnen aufgeschaut in winterklaren Nächten. Neigen sich die Sterne noch einmal zu ihm nieder? Schwingen sie den letzten Reigen?

Jetzt schaut er in ihrem kreisenden Glanz ein anderes. Schleier wehen in Weiß, Blau und Silber, umkleiden eine Gestalt voller Liebreiz und Herrlichkeit. Dann sieht er sie, groß und freundlich, umleuchtet vom Licht der tausend Sterne, die Königin aller Himmel, die auffährt in den ewigen Glanz. Und sie schaut ihn an. Sie winkt ihm zu. Sie lächelt voll mütterlicher Güte.

„Ein Klingen bricht aus den Höhen! Musik von Geigen und Harfen. Die Sterne singen ihr Ewigkeitslied. Und aus dem süßen Getön klingt ihm die Stimme der Mutter: „Komm mit, mein Kind! Ich führe dich zu den Sternen!"

Da hebt Schall die Hände, Strahlen bricht aus seinen Augen, Friede verklärt das schmerzgezeichnete Antlitz.

„Zu den Sternen!", stammelt unhörbar sein Mund. Dann sinkt er erlöschend in die Kissen zurück.

„*Proficiscere, anima christiana*!", hört er als letztes irdisches Wort. „Zieh hin, christliche Seele!" Dann vergeht die Welt vor ihm mit ihrem Licht und Schall.

Zur gleichen Stunde erscheint der alte Yang im Regentschaftspalast. „Was willst du wieder?", fragt der Beamte gelangweilt.

„Ich fordere den Tod für Tang Jo-wang!", kreischt die Greisenstimme. In diesem Augenblick tritt ein Bote ein, flüstert dem Beamten eine Nachricht zu.

„Du kannst dir deine Mühe sparen!", wendet sich der Beamte an den Unerbittlichen. „Tang Jo-wang ist soeben gestorben."

„Schade!", murmelt der Alte. „Ich hätte ihn so gern unter den Händen des Henkers gesehen."

Ins Astronomische Amt zurückgekehrt, erklärt er seinen Mitarbeitern: „Der elende Sklave ist tot. Doch noch leben drei weiße Hunde in Peking. Ich werde auch sie vernichten."

Am 29. August, dem Fest der Enthauptung des Täufers Johannes, wird Adam Schall zu Grabe getragen. Fünfhundert Christen geben ihm weinend das letzte Geleit.

*

Im folgenden Jahr übernimmt der junge Kaiser selbst die Regierung. Schwere Vergeltung trifft die Feinde des Mannes, den sein Vater als Ma-fa geehrt.

Der erste Schlag trifft den Regenten Suksaha. Er wird wegen Veruntreuung öffentlicher Gelder zum Tod der Zerstückelung verurteilt, dann aber unter Milderung seiner Strafe im Gefängnis erdrosselt.

Der große Hasser Yang Kuang-hsien erweist sich als schlechter Astronom und zieht sich durch fehlerhafte Berechnungen bald den Unwillen des Kaisers zu. Er verliert sein Amt als Leiter des Astronomischen Amtes, das Pater Verbiest übertragen wird. Inzwischen hat Yang schon des Himmels Strafe empfangen. Auch er erleidet einen Schlaganfall und wird ebenso gelähmt wie der Mann, den er aus ganzem Herzen hasste.

Auf Befehl des Kaisers wird der Prozess gegen Adam Schall aufs Neue aufgerollt. Der gleiche Staatsrat, der den Priester zum Tode verurteilte, stellt seine völlige Unschuld fest, obschon Yang ihn auch jetzt noch, kaum seiner Stimme mächtig, des Hochverrates und der Verbreitung teuflischer Lehren bezichtigt.

Aus dem Ankläger aber wird nun der Angeklagte. Während Pater Schall glänzend gerechtfertigt wird, verurteilt man seinen erbitterten Widersacher zum Tode und seine ganze Familie zur Verbannung in die Tatarei.

Nur seines hohen Amtes wegen wird er schließlich vom Kaiser begnadigt. Zwei Monate später stirbt der rachsüchtige Mann, verbittert und verlassen in trostloser Einsamkeit.

Pater Schall wird nachträglich all seiner Ehren wieder teilhaftig und zum „Lehrer des ausgezeichneten und tiefsinnigen Gesetzes" ernannt. Der Kaiser ordnet eine erneute Leichenfeier an, wie sie einem Mandarin des Himmels zukommt. Er selbst stiftet für das Begräbnis mehr als fünfhundert Tael. Eine von ihm verfasste Urkunde, die am Grabe verlesen wird, gedenkt des Verstorbenen mit Worten des höchsten Lobes.

Im Andenken an den Freund seines Vaters erlässt der Kaiser ein Edikt, das der christlichen Religion und ihren Dienern volle Freiheit gewährt.

So öffnet der tote Adam Schall seinem göttlichen Herrn die Tore zum unermesslichen Reich der Mitte.

ZEITTAFEL

1573-1620	Wan-li, Kaiser von China
1592	Schall in Köln geboren
1608-1617	Schall in Rom
1618	Fahrt nach Osten
1618-1648	Dreißigjähriger Krieg
1619-1622	Schall in Macao
1620	Tai-chang, Kaiser von China
1620-1627	Tien-ki, Kaiser von China
1622	Kampf um Macao
1623-1627	Schall in Peking
1627-1644	Chung-cheng, Kaiser von China
1644	Li Tse-cheng erobert Peking
1644	Die Mandschu in Peking
1644-1651	Dorgon, Regent von China
1644	Schall wird Direktor des Astronomischen Amtes
1651-1661	Shun-chih, Kaiser von China
1652	Der Dalai-Lama in Peking
1658	Schall wird Mandarin des Himmels
1661-1667	Regentschaft der vier Prinzen in China
1664-1665	Prozess gegen Schall
1666	Schall stirbt in Peking

Die Beschäftigung von Pater Johann Adam Schall und seiner Mitbrüder mit der Astronomie war in der Geschichte der katholischen Kirche nicht ungewöhnlich. Informationen hierzu kann der Leser dem nachfolgenden Beitrag entnehmen:

Die Päpste und die Astronomie

von Ulrich Nersinger

Die Präsenz der Päpste am Himmelsgewölbe begann im Pontifikat Gregors XIII. (Ugo Boncompagni, 1572-1585). Der Pontifex hatte im Apostolischen Palast des Vatikans den *Torre dei Venti*, den „Turm der Winde", errichten lassen. Der in den Jahren 1578 bis 1580 nach Plänen des Architekten Ottaviano Mascarino entstandene Turm sollte der Beobachtung der Gestirne und den Studien zur Reform des Kalenders dienen. Der 73 Meter hohe Turm wurde unter Papst Urban VIII. (Maffeo Barbarini, 1623-1644) zu einem Gästeappartement umgestaltet. Die oberste Loggia des Turmes diente später wieder bis zum Jahre 1821 als Sternwarte, die dann erst 1821 ihre Arbeit einstellte.

Im 18. und 19. Jahrhundert fanden die astronomische Beobachtungen und Forschungen der Päpste im *Collegio Romano* der Jesuiten ihre Fortsetzung. Die Söhne des heiligen Ignatius von Loyola hatten dort einen hohen Turm mit Fernrohren erbaut - von 1774 an durfte sich der Torre des Kollegs „Päpstliches Observatorium" nennen. Am Römischen Kolleg wirkte seit dem Jahre 1850 Pater Angelo Secchi, einer der bedeutendsten Astronomen der Neuzeit und Begründer der Astrophysik.

Er war der Erste, der die Spektralanalyse in die astronomische Forschung einführte und die Sterne nach ihrem eigentümlichen Farbspektrum klassifizierte. Secchi war maßgebend an der Entdeckung der wahren Natur der Sternkörper und des Zustands der Sternmaterie in den äußeren Schichten der Sterne beteiligt, desweiteren befasste er sich mit dem Einfluss der Sonne auf die Erdatmosphäre sowie deren elektrischen Erscheinungen. Auch dem Mond hatte sich der Ordensmann gewidmet (später wurde sogar ein Krater auf dem Erdtrabanten nach ihm benannt).

Die Einverleibung des Kirchenstaates in das Königreich Italien (1870) brachte die astronomische Forschung des Heiligen Stuhles zunächst zum Erliegen. Im März 1891 errichtete Leo XIII. (Gioacchino Pecci, 1878-1903) dann aber inmitten der Vatikanischen Gärten ein neues päpstliches Observatorium. 1931 verfügte Pius XI. (Achille Ratti, 1922-1939) die Verlegung der Sternwarte in die päpstlichen Besitzungen bei Castel Gandolfo - die Großstadt Rom mit ihrer Straßenbeleuchtung und den zahlreichen nächtlichen Lichtern hatte eine sinnvolle Beobachtung des Himmels immer mehr erschwert. Pius XII. (Eugenio Paceli, 1939-1958), förderte mit großem Engagement die Arbeit der Sternwarte. Er ließ in Castel Gandolfo neue Kuppeln bauen und bestückte sie mit den aktuellsten Apparaturen. Aus Deutschland besorgte der Papst ein Schmidt-Teleskop, das über einen sphärischen Spiegel mit Korrektionslinse verfügte.

Das NASA-Programm zur Erforschung des Mondes verfolgte der Heilige Stuhl mit großem Interesse. Zu Beginn des Jahres 1969 besuchte Captain Frank Borman, der Kommandant von Apollo VIII, auf Einladung der Päpstlichen Akademie der Wissenschaften Rom, wo er Vorlesungen über das Raumfahrtprogramm der USA hielt. Am 15. Februar hatten sich in der Aula der Bischofssynode rund 20 Kardinäle, das beim Heiligen Stuhl akkreditierte Diplomatische Korps sowie eine beträchtliche Anzahl von Persönlichkeiten der Römischen Kurie und des Vatikans eingefunden. Borman referierte über seinen Mondflug und zeigte einen an Bord von Apollo VIII gedrehten Farbfilm; die Erde als Ganzes zu sehen, bezeichnete der Astronaut als die großartigste Schau, die ihm auf seinem Flug ins Weltall zuteil geworden sei. Während einer Audienz überreichte ihm Papst Paul VI. eine kleine Flagge des Vatikanstaates. Frank Borman versprach, daß sie bei einer der kommenden Landungen auf dem Erdtrabanten mitgenommen würde.

1969 setzte der erste Mensch seinen Fuß auf den Mond. Der Heilige Vater begab sich am Abend des 20. Juli vom Apostolischen Palast in Castel Gandolfo in die nahegelegene Sternwarte des Vatikans. Durch das Teleskop beobachtete er eine Weile das „Meer der Ruhe". Am Fernsehbildschirm verfolgte er dann interessiert die Übertragungen vom Landemanöver. Unmittelbar nach dem Aufsetzen der Mondfähre richtete Papst Paul VI. über Radio eine Botschaft an die Welt und die Astronauten. Gegen 23.00 Uhr verließ der Heilige Vater das Observatorium und begab sich wieder in seine Gemächer im Apostolischen Palast. Gegen 4.00 Uhr wurde er vom Direktor der Sternwarte, dem irischen Jesuitenpater Joseph O'Connell, telefonisch geweckt. Der Papst sah sich dann bis 5.30 Uhr am Fernsehschirm die Direktübertragung vom Mond an.

Dieses bedeutende Ereignis in der Geschichte der Menschheit war nicht nur beim Papst, sondern im ganzen Vatikan auf großes Interesse gestoßen. Eine katholische Nachrichtenagentur berichtete: „In der historischen Nacht der Mondlandung vom 20. zum 21. Juli blieben auch im Vatikan viele Fenster erleuchtet. Zahlreiche Kurienkardinäle und -prälaten verbrachten die ganze Nacht vor dem Bildschirm, um das große Ereignis auf diese Weise mitzuerleben. Besonders festlich ging es dabei in der Wohnung des US-amerikanischen Kurienkardinals John Joseph Wright, des Präfekten der Kongregation für den Klerus, zu. Zusammen mit einigen Gästen verfolgte der Kardinal die ganze Nacht hindurch die Übertragungen. Dafür blieb die von ihm geleitete Kongregation am Montag geschlossen - ein noch nie dagewesenes Ereignis im Vatikan. Am Montagvormittag, 21. Juli, zelebrierte Kardinal Wright dann eine heilige Messe für die Astronauten und alle, die am Gelingen des Mondlande-Unternehmens mitgewirkt hatten."

In den Tagen vor und nach der Mondlandung hatte sich Papst Paul VI. intensiv mit allen Dimensionen dieses historischen Geschehens befasst. Nach der bisher letzten Mondlandung am 7. Dezember 1972 besuchte der Kommandant von Apollo XVII, Eugen Cernan, Paul VI. Er dankte dem Papst dafür, dass er die Mondlandungen mit seinem Gebet begleitet habe und gab ihm die auf den Mond mitgenommene Vatikanflagge zurück, zusammen mit einem Stück Mondgestein als Geschenk des Präsidenten der Vereinigten Staaten von Amerika.